Daisen-in

Ein Zen-Tempel des 16. Jahrhunderts in Kyôto

A 16th Century Zen-Temple in Kyôto

Hans Günter Wachtmann Ingrid von Kruse

Daisen-in

Ein Zen-Tempel des 16. Jahrhunderts in Kyôto

A 16th Century Zen-Temple in Kyôto

Hirmer Verlag München

Für Haidje

Inhalt Contents

Blick durch das Fenster des Genkan A View through the window of the Genkan

Vorwort

Am Anfang stand die touristische Besichtigung, stand der starke Eindruck. Das war 1982. Bei jedem weiteren Aufenthalt in Kyôto folgten mehrere Besuche, alleine und mit Freunden. Tempel und Garten wurden vertraut, aber vieles blieb unverstanden. Was besagte zum Beispiel der Tempelname Daisen-in, wofür stand der Dharma-Stein, wie war der Ozean der Leerheit zu verstehen, wer war der Gründer Kogaku, wie war es überhaupt möglich, in schwieriger Zeit und mit wohl enormen Kosten ein solches Werk zu errichten? Und welcher kunsthistorische Zusammenhang lag hier vor?

Läßt man sich auch nur kurze Zeit auf der Veranda des Hôjô nieder, bleibt unübersehbar, daß viele der aus dem Westen gekommenen Besucher offensichtlich von ähnlichen Fragen bewegt werden.

Die künstlerische Kraft des Gartenkunstwerks wirkte unabhängig von den bescheidenen Kenntnissen. Die kleinen und großen Steincharaktere zu betrachten, der Dichte der Gesamtkonzeption nachzuspüren und in Ruhe die Stille des Südgartens in sich aufzunehmen: das brachte jedesmal eine wohltuende Bereicherung. Hier war Stoff für das reine Sehen, das sich immer wieder von der Vitalität der Erscheinung – selbst im kaum Bewegten – begeistern ließ.

Dann kam im Herbst 1996 die Ausstellung der Malerei der Kanô-Schule im Kyôto National Museum:

Und hier waren, nun auf Hängerollen montiert, die Originale zu sehen, die einst vier der Tempelräume des Daisen-in schmückten. Das Erlebnis dieser Bilder gab den Anstoß, dem Sinngefüge des Gesamtkunstwerks aus Architektur, Gartengestaltung und Malerei nachzugehen, um es so weit wie möglich zu erfassen. Es war nicht immer leicht, die benötigten Informationen zu erhalten. Doch allmählich formte sich vor dem geistigen Auge ein Bild der einst sinnfälligen Gesamtstruktur als Ergebnis des Zusammenwirkens der Künste. Aber es wurde auch als außerordentlich wichtig erkannt, die alles hervorbringende geistliche Tradition und Motivation am Werk zu sehen und entsprechend zu würdigen.

Das Ergebnis der Bemühung um den Daisen-in, einen nationalen Schatz Japans aus dem frühen 16. Jahrhundert, liegt nun hiermit vor. Es gibt bereits zahlreiche Europäer und Amerikaner, die Japans Kulturgeschichte mit großer Sympathie begegnen. Möge dieses Buch weitere dazu anregen, sich mit der großen Kunst des alten Japan zu befassen.

Es war vor allem Ingrid von Kruses Buch »Venedig – Stimmen zwischen Stein und Meer« (1996), das es mir nahelegte, die in Hamburg lebende Künstlerin zu fragen, ob sie bereit wäre, sich mit dem Daisen-in-Garten fotografisch auseinanderzusetzen. Ihre Empfänglichkeit für Strukturen und Details und für die poetische Qualität von Motiven bot die beste Voraussetzung für Aufnahmen, die etwas von der Eigenart des Tempels und insbesondere von der Atmosphäre seines Karesansui-Gartens vermitteln sollten.

Die Großzügigkeit der Viktor- und Marianne-Langen-Stiftung ermöglichte die Verwirklichung des Plans, und dafür sei der Stiftung an erster Stelle sehr herzlich gedankt.

Auch anderen fühle ich mich sehr zu Dank verpflichtet. Der Abt des Daisen-in, Ozeki Sôen, unterstützte die Vorbereitungen auf das freundlichste. Fujimori Michiyo von der Tempelverwaltung trug zur Lösung ikonographischer Probleme bei. Der Kurator für japanische Malerei am Kyôto National Museum, Yamamoto Hideo, gab wichtigen Rat, und Melissa M. Rinne vom Department of Archives dieses Museums war unentbehrlich bei der sprachlichen Verständigung mit Mitarbeitern des Hauses. Der frühere Direktor des Japanischen Kulturinstituts in Köln, Shimizu Yôichi, half auf das liebenswürdigste von Tôkyô aus bei der Realisierung des Vorhabens.

In Deutschland gab Professor Roger Goepper unentbehrliche Hinweise bezüglich der Umschrift chinesischer und japanischer Namen, und ohne die Hilfe von Dr. Renate van den Elzen vom Bonner Museum Alexander Koenig wäre die Bestimmung von Vögeln und Pflanzen in Kanô Motonobus »Vier Jahreszeiten« wohl kaum möglich gewesen. Hashimoto Hiroko vermittelte von Düsseldorf aus, wenn sprachliche Probleme auftraten. Ihnen allen gilt mein aufrichtiger Dank.

Der Leser sei noch darauf hingewiesen, daß die japanischen Namen der japanischen Regel folgen und der Familienname stets zuerst genannt wird.

Hans Günter Wachtmann

Plan des Daitoku-ji/Plan of the Daitoku-ji

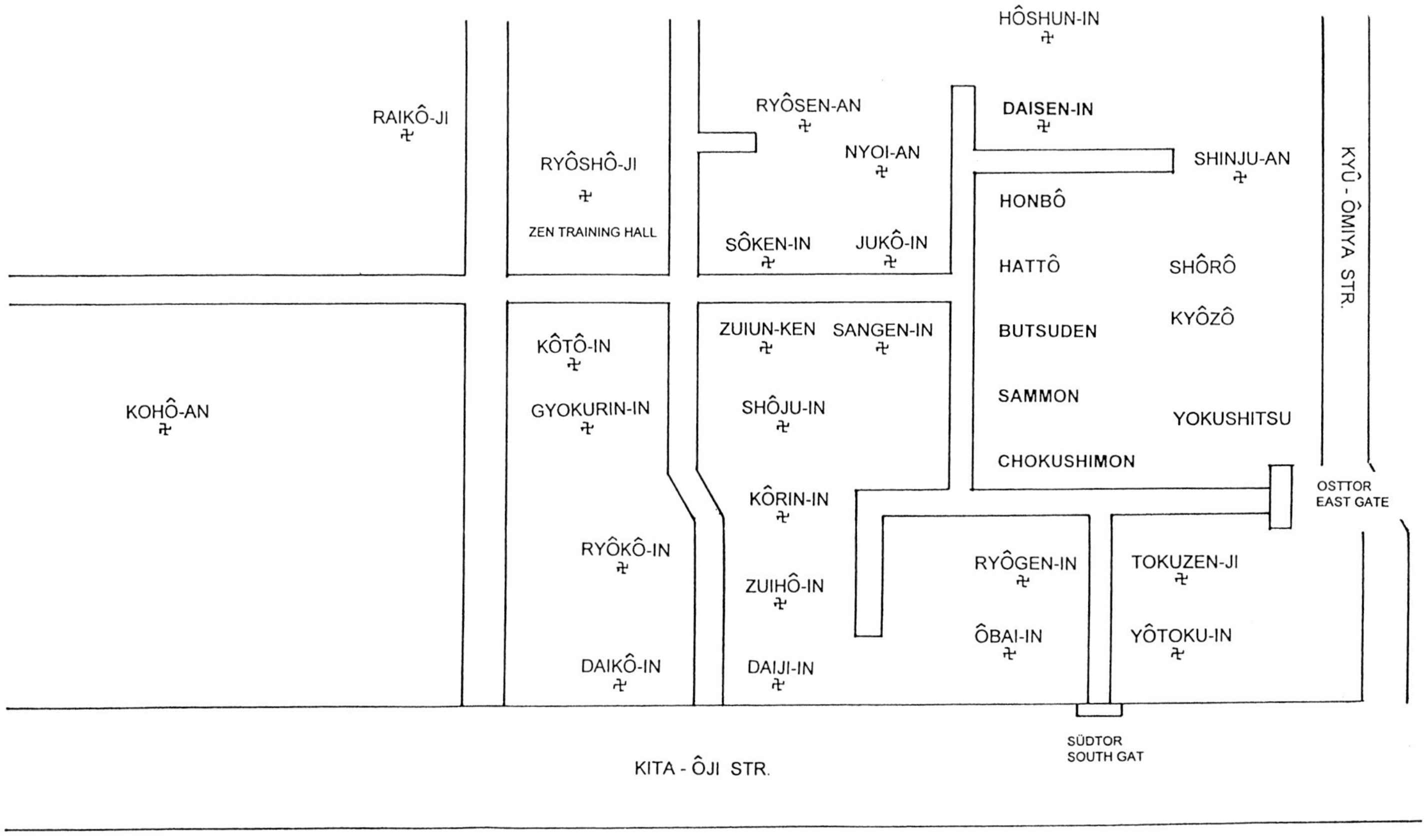

Erläuterungen/Commentary

Honbô	Tempel des Hauptabts Main Abbot´s	Shôrô	Glockenturm Bell-tower
Hattô	Dharma-Halle Dharma-hall	Kyôzô	Sûtren-Haus Store-room for sûtras
Butsuden	Buddha-Halle Buddha-hall	Yokushitsu	Badehaus Bath
Sammon	Bergtor Mountain-gate	卍	Subtempel Subtemple
Chokushimon	Tor für kaiserliche Boten Messenger-gate		

Preface

At first, it was all about sightseeing, about a powerful impression. That was in 1982. Every trip to Kyôto, led to more visits, alone and with friends. The temple and the garden became familiar, but many elements I had not yet understood. What, for instance, was the meaning of the name of the temple, what did the stone of Dharma stand for, how was the Ocean of Emptiness to be understood, who was the founder Kogaku, how on earth was it possible to establish such a costly work of art in those difficult times? And what was the historical context?

A brief moment spent on the veranda of the hôjô, suffices to understand that many visitors from the West are evidently moved by similar questions. The artistic powers of the garden as a work of art have an impact, regardless of the level of knowledge. To gaze at the large and small rocks, to feel the denseness of the entire layout and to absorb the tranquillity and silence of the South Garden – what an enriching experience. This was a feast for the eyes, inspired time and time again by the vitality of the garden as a whole, even by the virtually static elements.

Then, in autumn 1996, at the exhibition of paintings of the Kanô School in the National Museum of Kyôto, the originals, that had once adorned four rooms of the temple, now mounted on hanging scrolls, could be admired. Seeing these paintings gave me the impetus, to study and to attempt to fathom the sense of structure of the entire work of art, consisting of architecture, landscape gardening and painting. The necessary information was not always easy to come by. But gradually the image, of a previously meaningful structure, manifested itself as a result of the interaction of the arts. However it was also deemed essential to fully respect the omni-creating spiritual tradition and motivation at work.

This is the result of the endeavour on the subject Daisen-in, a national treasure of Japan from the early 16th century. There are already many Europeans and Americans with a great affinity for Japan's cultural history. May this book entice others to become acquainted with the great art of ancient Japan.

It was primarily the book "Venedig – Stimmen zwischen Stein und Meer" / "Venice – Voices between Stone and Sea" (1996) by Ingrid von Kruse, that inspired me to ask this great photographer from Hamburg, if she would be willing to capture the atmosphere of the Daisen-in garden with her camera. Her interest in structures and details and the poetic quality of themes were the best prerequisite for shots that would convey something of the special character of the temple, particularly of the atmosphere of the Karesansui garden.

I take this opportunity to thank the Viktor and Marianne Langen Foundation, whose generosity enabled the realisation of this project.

I also owe sincere thanks to others. Ozeki Sôen, Abbot of the Daisen-in, supported the preparations most amicably. Fujimori Michiyo of the temple administration helped resolve iconographic problems. Yamamoto Hideo, the curator for Japanese painting at the National Museum of Kyôto offered us valuable advice, and without Melissa M. Rinne, of the Department of Archives the language barriers between the staff of the museum and me could not have been overcome. Shimizu Yôichi, former director of the Japanese Culture Institute in Cologne, contributed kindly from Tôkyô to the realisation of this project.

In Germany Professor Roger Goepper gave indispensable advice on the transcription of Chinese and Japanese terms. Furthermore, without the support of Dr. Renate van den Elzen of the Alexander Koenig Museum in Bonn, identification of the birds and plants in Motonobu's "Four Seasons" would have been virtually impossible. Mrs Hashimoto Hiroko from Dusseldorf mediated when language problems arose. I wish to express my sincerest thanks to all of them.

The reader is advised that the Japanese names are in accordance with the Japanese rule, which stipulates that the surname comes first.

Hans Günter Wachtmann

Einführung

Die äußeren Maße des Daisen-in sind denkbar bescheiden. Der Subtempel ist nur einer von dreiundzwanzig des großen Tempels Daitoku-ji der Rinzai-Zen-Schule, und sein berühmter Nordostgarten mißt lediglich 104 qm. Aber er stellt einen Höhepunkt der japanischen Geistes- und Kunstgeschichte im frühen 16. Jahrhundert dar. Die Zeiten waren unruhig, als aus Architektur, Gartengestaltung und Malerei zwischen 1509 und 1513 dieses Gesamtkunstwerk entstand[1], dessen positive Ausstrahlung bis heute Japaner wie Ausländer anzieht.

Der ursprüngliche Zusammenklang ist mit etwas Imagination noch zu ahnen. Glücklicherweise blieb der Nordostgarten unversehrt erhalten, während man sich in der Meiji-Zeit aus wirtschaftlicher Not gezwungen sah, die Malereien der Schiebewände zum Teil zu verkaufen und zum Teil als Dauerleihgaben wegzugeben. Im Daisen-in sind heute Kopien von Kanô Shurei und seinen Schülern zu sehen.

Der Daitoku-ji liegt im Nordwesten der nach dem Muster der chinesischen Metropole Ch'ang-an (heute Xi'an) Ende des 8. Jahrhunderts gitterförmig angelegten ehemaligen Kaiserstadt Kyôto. Wer den Tempelbezirk durch den südlichen Eingang betritt (Plan S. 10), geht an vier der Subtempel vorbei auf das erste von zwei Toren (Chokushimon, S. 191) zu, es gehörte einst zum kaiserlichen Palast. Man läßt dann auf dem Weg zum Daisen-in die drei achsial folgenden kraftvollen Gebäude rechts liegen: das »Bergtor« (Sammon, S. 2, 92), das mit dem Schicksal des berühmtesten aller Teemeister verbunden ist; die Halle, in der Buddha verehrt wird (Butsuden); und schließlich die Lehrhalle (Hattô, S. 94). Ein überdachter Gang verbindet die Hallen untereinander und mit der Residenz (Honbô) des Hauptabtes des Daitoku-ji. Der Daisen-in ist einer von deren nördlichen Nachbar-Tempeln.

Subtempel entstanden in Klosternähe als kleine private, von Stiftern errichtete Eremitagen für Äbte des Haupttempels, die ihre Amtszeit beendet hatten und hier im Kreise nahestehender Schüler lebten. Ein Subtempel war oft Familientempel des Stifters – im Daitoku-ji des 16. Jahrhunderts meist eines Territorialherrn (Daimyô) – und nach dem Tod des Gründerpriesters dessen Gedenktempel.

Der Name Daisen-in wird in Japan mit drei Zeichen geschrieben. Das erste steht für DAI, das heißt groß, und wurde einst in China aus dem Piktogramm für einen Men-

Introduction

The exterior dimensions of the Daisen-in are very modest. The subtemple is only one of twenty-three in the great Daitoku-ji temple of the Rinzai Zen School. Although its famous north-eastern garden measures a mere 104 sq. m., it constitutes a highlight of early 16th century Japanese intellectual history and history of art. Times were unsettled, when this integrated work of art emerged from architecture, garden layout and painting in the years between 1509 and 1513[1]. To this day its positive aura draws Japanese as well as foreign visitors to the site.

With a little imagination the original state of harmony is still perceptible. Luckily the north-eastern garden remained untouched throughout the Meiji period, at a time when due to the economic plight; the paintings of the sliding doors were either sold or given away on permanent loans. Today, only copies of the works of Kanô Shurei and his scholars can be seen in the Daisen-in.

The Daitoku-ji lies in the north-west of the former imperial city of Kyôto, which was built at the end of the 8th century in the typical gridlike design after the model of the Chinese metropolis Ch'ang-an (today Xi'an). When entering the temple district through the southern entrance (Plan p. 10) one passes by four of the subtemples and reaches the first of two gates (chokushimon p. 191), which once belonged to the imperial palace. To the right, on the way to the Daisen-in, built in axial order, three very distinct buildings are visible: the Mountain Gate (sammon p. 2, 92), which is closely linked to the fate of the most famous of all tea masters, the hall, in which Buddha is worshipped (butsuden) and lastly the Dharma Hall (hattô p. 94). A roofed passageway connects the halls to the residence (Honbô) of the principal abbot. The Daisen-in is one of the residence's northern neighbouring temples.

Subtemples were established in the vicinity of monasteries, as small private hermitages, donated to the abbots of the main monastery, who upon their retirement lived here within the close circle of their disciples. Subtemples were often family temples of the donors, in the case of the 16th century Daikotu-ji usually of a territorial ruler (Daimyô), and upon the passing away of the founding priest, it became his memorial hall.

In Japan the name Daisen-in is written with three characters.

schen entwickelt, der seine Arme ausstreckt: 大. Das zweite ist zweiteilig, links steht eine Variante des Zeichens für Mensch, rechts das Zeichen für das Wort Berg: 仙. Die Verbindung beider wird im Kontext des Tempelnamens SEN gelesen und bedeutet Eremit(en). Das dritte Zeichen: 院, IN gesprochen, kennzeichnet den Tempel als Subtempel. Jon Covell und Yamada Sobin interpretieren IN als »retreat«, also als Refugium, und benennen damit die Funktion, die der Tempel für seinen Gründer in der Tat hatte. SEN übersetzen sie nicht mit dem Plural Eremiten, sondern mit »sages«, Weise. Demnach lautet der Name des Tempels nach Covell und Yamada Retreat of the Great Sages – Refugium der Großen Weisen.

Er war und ist ein einzigartiger Ort, reich ausgestattet, eine Heimstatt der Künste, harmonisch, voller Vielfalt und Tiefe: ein großer, gelungener Wurf. Man darf wohl annehmen, daß die Ästhetik den Bauherrn Kogaku als starke Persönlichkeit dennoch nicht dazu verleitete, die Abschiedsermahnung Daitô Kokushis, des Gründers des Daitoku-ji, außer acht zu lassen. Heinrich Dumoulin hat sie so übertragen:

»Mögen nach dem Tode des alten Mönchs die Tempel auch blühen, mögen Buddha-Bilder und Sûtrenrollen in Gold gefaßt sein, mögen Schüler in großer Zahl herbeiströmen, Sûtren lesen und Beschwörungsformeln rezitieren, während der Nacht in Meditation sitzen, am Tage sich mit einer Mahlzeit begnügen, mögen sie die Regel beobachten und den Weg üben, – wenn sie nicht den in keinen Schriften überlieferten wunderbaren Weg der Buddhas und Patriarchen im Herzen hegen, vermögen sie die Karma-Verknüpfung nicht zu durchschneiden, der wahre Stil geht zugrunde, sie sind von Mâra's Stamm. Wenn auch schon lange Zeit verstrichen ist, seit der alte Mönch die Welt verlassen hat, man darf sie nicht seine Enkel nennen. Aber wenn da einer ist, der draußen auf dem Feld unter dem Strohdach in wackligem Kessel gedämpftes Gemüse und Wurzeln essend das Leben fristet, wenn ein solcher ausschließlich das Selbst erforscht, begegnet er Tag für Tag dem alten Mönch von Angesicht zu Angesicht und ist ein Mann von tiefer Dankbarkeit.«[2]

The first stands for DAI, meaning large, developed from the Chinese pictogram for a man, stretching out his arms 大. The second is divided into two, the left part is a deviation of the character for man, the right shows the character for mountain 仙. The connection of the two is read in the context of the name of the temple as SEN, which means hermit(s). The third character pronounced as IN 院, indicates the temple to be a subtemple. Jon Covell and Yamada Sobin interpret the word IN as "retreat", describing the function the temple actually had for its founders. They do not translate the word SEN with the plural hermits, but as "sages". Therefore according to Covell and Yamada, the name of the temple is Retreat of the Great Sages.

It was and still is a unique place, richly furnished, a residence of the arts, harmonious, full of variety and depth: in short an immense success. It can be assumed that Kogaku, the building contractor, inspite of his sense of aesthetics and strong personality, did not disregard the words of farewell uttered by Daitô Kokushi, the founder of the Daitoku-ji. Heinrich Dumoulin translated them as following:

"May the temples thrive after the death of the old monk, may the images of Buddha and the scrolls of Sûtras be set in gold, may the scholars come in flocks to read the Sûtras and recite incantations, to sit in meditation during the night and content themselves with one meal a day. May they observe the rules and practice the Way – if in their hearts they do not cherish the wondrous Way of the Buddha and patriarchs, which has not been handed down in any script, they shall be incapable of cutting through the bonds of Karma, the true style shall be lost, they are from the tribe of Mâra. Even though a long time has elapsed since the old monk left this world, they are not to be considered his grandchildren. But if there happens to be one, who ekes out an existence in a field under a straw roof, eating steamed vegetables and roots out of a rickety pot, while exclusively exploring the Self, he encounters the old monk, face to face day for day, and is a man of deepest gratitude."[2]

Die Entschiedenheit, die aus diesen Sätzen spricht, berührt vielleicht auch den Besucher aus dem Westen, der gekommen ist, das Kunstwerk Daisen-in kennenzulernen; solche Worte gehören zu den formenden Kräften im geschichtlichen Hintergrund, deren Kenntnis das Erleben wesentlich bereichert. Spürt man nicht förmlich die Energie, die von ihnen und dem Kokushi, dem »Lehrer des Landes«, der sie 1334/36 niederschrieb, ausgeht?
Eine ähnliche Ausstrahlung kann man bei dem Anschauen des Gartens erleben. Je länger der Blick in ihm wandert, desto mehr wird man erfüllt und angeregt und zum Verweilen genötigt. Man kann einfach nicht schnell zum nächsten Ziel eilen, ohne sich viel entgehen zu lassen. Es wird etwas in dem Betrachter ausgelöst, das ausgesprochen positiv stimmt und ihn, wenn er sich auch auf die inhaltlichen Aspekte einläßt, nachdenklich macht. Treten dann noch die Kenntnisse einiger historischer Bezüge hinzu, entsteht vor dem geistigen Auge eine Skizze der fesselnden und dynamischen Geschichte des mittelalterlichen Japan, in deren Verlauf die Rinzai-Zen-Schule des Buddhismus zu einem das Land prägenden Element wurde.

The determination that can be derived from these phrases, might also touch the visitor from the West, who has come to make acquaintance with the work of art by the name of Daisen-in. Words like these belong to the driving forces in a historical context, the knowledge of which enriches the experience quite considerably. Can the energy that emanates from these forces and the Kokushi, the "National Master", who wrote them down in 1334/36, not be felt?
A similar atmosphere can be felt when looking at the garden. The longer the eye roams, the more tempting it is to linger. It is impossible to simply rush to the next site, without missing a multitude of elements. A profound positive feeling is triggered within the beholder, who becomes pensive when examining the actual content. Knowledge of the historical background helps create an image of the touching and dynamic history of Japan of the Middle Ages, during which the Buddhist Rinzai Zen School became a formative element in the country.

Abt Ozeki Abbot Ozeki

Der Hôjô – Das Hauptgebäude des Daisen-in

Die Abtswohnung des Zen-Klosters heißt gewöhnlich Hôjô. Diese Bezeichnung wurde auf das Hauptgebäude der Subtempel übertragen, für die es auch die Namen Hondô, das heißt Haupthalle, oder Kyakuden gibt. Kyakuden bedeutet Gasthalle. Was aber meint der Begriff »Hôjô«? Wenn man dieser Frage nachgeht, stößt man auf religionsgeschichtliche Zusammenhänge, die für die meisten Besucher aus dem Westen überraschend sein dürften. Man begegnet im buddhistischen Tempel taoistischem Einfluß und tiefer Symbolik, die bis in das »Herz des Himmels« reicht; mit deren Darstellung sei der Kommentar zum Hôjô des Daisen-in begonnen.

Die Symbolik der Maßangabe »Hôjô«

Im 4. oder 5. Jahrhundert unserer Zeitrechnung wurde eine der drei Inseln der Unsterblichen, die den Anhängern des religiösen Taoismus zufolge vor der Ostküste Chinas liegen sollte, so beschrieben:
»Die Insel Fang-chang (»Vierecksklafter«) befindet sich genau in der Mitte des Ostmeeres. Seine vier Küsten im Westen, Süden, Osten und Norden bilden genau ein Quadrat mit einer Seitenlänge von 5000 Meilen. Die Insel wird vor allem von Drachen bevorzugt. Es gibt dort Paläste aus Gold, Jade und Kristall ... Alle Unsterblichen, die nicht zum Himmel emporfahren wollen, begeben sich auf diesen Kontinent und empfangen die ›Uranfangs-Lebensurkunde‹.«[3]
Man mag sich fragen, was diese sagenhafte Insel der Seligen mit der Abtswohnung eines Zen-Tempels, dem Hôjô, zu tun hat. In der Tat gibt es eine unmittelbare Beziehung: Hôjô ist die japanische Aussprache des chinesischen Wortes Fang-chang.
Beide Benennungen sind Maßangaben und bedeuten wörtlich »Vierecksklafter« oder »zehn Fuß im Quadrat«. Das Quadrat stiftet über die Bezeichnung also die Gemeinsamkeit zwischen dem gewaltigen traumhaften Gefilde und dem kleinen Abtsquartier. Natürlich stellen sich sofort Fragen: Hat diese Entsprechung auch eine inhaltliche Komponente? Wird etwa auf die Abtswohnung als Ort der Glückseligkeit angespielt? Immerhin ist die Insel der Kontinent, auf dem die »Uranfangs-Lebensurkunde« in Empfang genommen wird, und das läßt bezüglich des Hôjô aufmerken, denn geht es

Hôjô – The Main Building of the Daisen-in

The living quarters of the abbots in Zen monasteries are usually called hôjô. This term also applies to the main building of subtemples, for which the terms hondô, meaning main hall, or kyakuden meaning guest hall also exists. But what is the exact meaning of the term "hôjô"? The answer to this question, brings a religious historical coherence to light, which may be surprising to most of the visitors from the West. The Buddhist temple harbours Taoist influence and a profound symbolism that stretches to the "heart of the heaven"; the description of the hôjô of the Daisen-in shall commence with their portrayal.

Symbolism in the Measure "Hôjô"

In the 4th or 5th centuries AD, one of the three of the immortals' islands, which according to the religious Taoist followers were located close to the east coast of China, was described as follows:
The island Fang-chang ("Ten foot-square") lies exactly in the centre of the eastern sea. Its four coasts to the West, South, East and North form an exact square with the length of one flank measuring 5000 miles. Especially dragons favour this island. There are palaces of gold, jade and crystal.... All immortals, who do not wish to travel to Heaven, retire to this continent, where they receive the "Certificate of life at the beginning of all times."[3]
It may be questioned what this mythical island of the Blessed has in common with the abbot's living quarters of a Zen temple called hôjô. Indeed there is a direct link: hôjô is the Japanese pronunciation of the Chinese word Fang-chang. Both designations are measurements and literally mean "Ten Square Feet".
The square marks the common ground between the colossal and wonderful realm and the small abbot's accommodation. Naturally such a statement immediately gives rise to the following question: Does this equivalence also bear a content-related meaning? Are the abbot's living quarters alluded to as a place of bliss? After all, the island is the continent where the "Certificate of life at the beginning of all time" is received. This draws our attention to the hôjô; isn't a Zen temple all about something very similar – even if on a differ-

nicht im Zen-Tempel um zutiefst Verwandtes – wenngleich auf einer anderen religiösen Ebene –, nämlich um das »Finden des eigenen ursprünglichen Antlitzes vor der Geburt der Eltern«?

Es gibt noch eine zweite taoistische Wurzel des Begriffs Hôjô, sie hat ebenfalls mit dem Uranfänglichen zu tun. Im Taoismus wird auch das »Herz des Himmels« T'ien-hsin als »zehn Fuß im Quadrat«, als Hôjô also, bezeichnet. Das »Herz des Himmels« entspricht dem Begriff Hsien-t'ien – wörtlich: »vor dem Himmel« – aus dem Buch der Wandlungen, das heißt der »Wesenssubstanz der Welt«.[4]

Aus diesem Absoluten wird das »Herz des Menschen« als »ein Zoll im Quadrat« in die Welt der Erscheinungen geboren.

Der Hôjô des Daisen-in, der Ort des Strebens nach der Erfahrung der Buddha-Natur, ist demzufolge über die Quadratsymbolik mit der Wesenssubstanz der Welt verbunden.

Die Maßangabe Hôjô hat auch einen buddhistischen Hintergrund, sie verweist auf die Klause eines reichen Mannes von überlegener Weisheit, auf Vimalakîrti (Yuima), der als Laie Gautama Buddha anhing. Von ihm berichtet das Vimalakîrtinirdesha-Sûtra aus etwa dem 2. Jahrhundert. Die Klause dieses Weisen soll gleichfalls eine Größe von zehn Fuß im Quadrat gehabt haben.

Der Genkan – Das Geheimnis-Tor

Vorhof und Hôjô (S. 99) verbindet ein Korridor, den gewöhnliche Tempelbesucher nicht benutzen. Er trägt den bedeutungsvollen Namen Genkan (S. 98). Heute hat sich das Wort im allgemeinen Sprachgebrauch vom ursprünglichen Sinn gelöst. Genkan ist für jedermann der Vorraum zwischen Haustür und Wohnbereich im japanischen Haus. Wörtlich übersetzt heißt Genkan »Geheimnis-Tor« und bezieht sich auf das Sich-Einlassen auf den buddhistischen Weg zur Erleuchtung. Den Genkan eines Tempels zu durchschreiten heißt also im ursprünglichen Sinn, durch ein Geheimnis-Tor zu treten und sich im Hôjô einem hohen Ziel zu widmen, dem Durchbruch zur großen Freude, wie er dem Zen-Patriarchen Hsiang-yen Chih-hsien (Kyôgen Chikan, gest. 898) gelang, der auf einem der Wandbilder des Daisen-in zu sehen ist.

ent religious level, namely "discovery of the own original countenance before the birth of the parents"?

There is a second Taoist root in the term hôjô that also stands in relation to the origin of time. In Taoism the "heart of the heaven" t'ien-hsin is also called "ten foot-square" or hôjô. "Heart of the heaven" corresponds with the expression hsien-t'ien that literally means: "before the heaven". In the Book of Changes it is referred to as "Essence of the World".[4] From this absolute the "heart of man" appears as "a square inch" in the world of phenomena.

Thus the hôjô of the Daisen-in, the place of striving for the experience of the Buddha Nature, is strongly related through the symbolism of the square to the essence of the world.

The measure hôjô also has a Buddhist background, as it refers to a hermitage on Vimalakîrti (Yuima) belonging to a rich man of superior wisdom, who was a lay disciple of Gautama Buddha. The Vimalakirtinidesha Sutra dating from the 2nd century AD, states that this hermitage had the size of ten square feet.

Genkan – The Secret Gate

A hall that is not used by the average visitors to the temple connects the vestibule and the hôjô (p. 99). It bears the very significant name Genkan (p. 98). Today the meaning of this word has detached itself from its use in the original sense.

In everyday vocabulary Genkan means the anteroom between the front door and the living area in a Japanese house. The literal meaning of this word is "secret gate"; it alludes to the "entry" into Buddhism, setting out on the path of enlightenment. To step through the Genkan of a temple in the original sense means passing through the secret gate into the hôjô, with the objective of reaching the goal of the revelation of happiness, just as the Zen patriarch Hsiang-yen Chih-hsien (Kyogen Chikan, died 898 AD), to be seen on one of the mural paintings in the Daisen-in, succeeded in doing.

Der Ozean der Leerheit The Ocean of Emptiness

Geschichtliche Aspekte

Klostergründungen auf Bergen/Bergsymbolik

Von Wei-shan Ling-yu (Isan Reiyû, 771-853) ist überliefert, daß er auf dem Berg Wei-shan ein Kloster gründete, nachdem er dort zunächst als Einsiedler gelebt hatte. Wie es dazu kam, wird im Zusammenhang mit einem der Wandbilder (»Zen-Patriarchen«) erzählt. Der Vorgang ist exemplarisch für die vielen chinesischen Klostergründungen besonders der Zen-Schule im Gebirge. Den Gründungspriester nannte man K'ai-shan (Kai-san), Bergöffner. Gewöhnlich wurde der Name des Berges auf ihn übertragen.
Es entstand die Tradition, buddhistische Tempel, selbst wenn sie in der Ebene liegen, mit einem Nebennamen als Berge zu bezeichnen. Damit wird auch verständlich, weshalb der Daitoku-ji ein Bergtor (Sammon, S. 2, 92) hat. Dieses kann man allerdings auch noch in einem anderen Kontext sehen. Es werden sowohl der zentrale Altar des Daitoku-ji – mit der Statue des historischen Buddha – als auch, worauf Covell und Yamada hinweisen, der First der Dharma-Halle (S. 94) – der höchste Punkt der Tempelanlage – mit dem die Weltachse verkörpernden Berg Sumeru gleichgesetzt; zu ihm eröffnet das Bergtor den Zugang. Die Vorstellung von einem Weltenberg entstammt der altindischen Kosmologie. Für den Buddhisten ist diese Weltachse von Meeren und Kontinenten umgeben und reicht von den Zonen der Höllen und hungrigen Geister in der Tiefe bis zu den Höhen der Buddha-Paradiese.

Die Sieben-Hallen-Anlage

Die junge japanische Zen-Schule übernahm im 13. Jahrhundert die Grundstruktur der Tempelanlage aus sieben Hauptgebäuden aus dem China der Sung-Zeit. Zu ihr gehörten: das Bergtor (Sammon), die Buddha-Halle (Butsu-den), die Lehr- oder Dharma-Halle (Hattô), die Mönchshalle (Sôdô), das Wirtschaftsgebäude (Ku-in), die Toilette (Tôsu) und das Badehaus (Yokushitsu). Dazu gesellten sich weitere Gebäude, zum Beispiel die Zen-Halle (Zendô), die Schlafhalle (Shindô) sowie die Tempelgründerhalle (Kaizandô).[5]

Historical Aspects

Building Monasteries on Mountains/symbolism of mountains

Wei Shan Ling-yu (Isan Reiyû, 771-853) built a monastery on Mount Wei-Shan, after having lived there as a hermit. The details of the episode are depicted on one of the mural paintings. The course of events is exemplary for the numerous foundings of monasteries, particularly Zen monasteries in the mountains of China. The initial founder of the monastery is called k'ai-shan (kai san), the "mountain founder". The name of the mountain was then generally conferred upon the founder.
This is how the tradition to name a Buddhist temple after a mountain, even if located in a plain, originated. Thus it becomes clear why the Daitoku-ji has a mountain gate (sammon p. 2, 92). This aspect can also be seen in a different context: The central altar of the Daitoku-ji with its statue of the historical Buddha and the highest point of the temple, the roof ridge of the Doctrine Hall (p. 94), draw a parallel, according to Covell and Yamada, to the sacred mountain Sumeru, which embodies the axis of the world. The Mountain Gate becomes the gate to the sacred mountain. The idea of the mountain of the world originates from ancient Indian cosmology. For Buddhists, this axis of the world surrounded by seas and continents reaches from the depths of the hells and living quarters of the hungry ghosts to the heights of Buddha's paradise.

The Seven Halls

The new Japanese Zen School took over the basic structure of the temple-complex in the 13th century with its seven main buildings from Sung-China. The seven halls consisted of the Mountain Gate (sammon), the Buddha Hall (butsu-den), the Dharma Hall (hattô), the Monks Hall (sôdô), the Economy Hall (ku-in), the Toilet being the "eastern department" (tôsu) and the Bathhouse (yoku-shitsu). Additional buildings like the Meditation Hall (zendô), the Sleeping Hall (shindô) and the Hall of the Founder of the Temple (kaizandô) were added.[5]

Die Subtempel

Im Zuge der weiteren Entwicklung entstanden um die Kernanlage Subtempel, die man Tatchû nannte (Plan S. 10). Ein Tatchû war ursprünglich die Klause in der Nähe des Grabstûpas eines großen Zen-Meisters. Dort wohnten Mönche, die die Grabstätte pflegten und Rituale vollzogen. Hsiang-yen Chih-hsien, der als Zen-Patriarch auf einem der Wandbilder (»Zen-Patriarchen«) zu sehen ist und gerade fegt, kümmerte sich um das Grab Nan-yang Hui-chungs (Nan'yô Echû, 675? – 775?), dem als erstem Zen-Meister der Titel »Lehrer des Landes« (Kuo-shih, Kokushi) verliehen worden war.

Seit dem Ende der Kamakura-Zeit, also etwa seit der ersten Hälfte des 14. Jahrhunderts, baute man in Japan Tatchû für Priester, die sich wie Abt Kogaku zurückziehen wollten. An den Namen des Tatchû hängte man oft die Silbe »in«, sie bezeichnete im Chinesischen ursprünglich eine Umzäunung. Zu einem Subtempel gehörten der Hôjô, der Wohn- und Arbeitsraum des Abtes, ein Wohnhaus für Mönche, ein Verwaltungsgebäude und die Küche.

Zwei Stile formten die Wohnarchitektur der japanischen Oberschicht: der Shinden-zukuri und der Shoin-zukuri. Die Shinden-zukuri-Residenz der Heian-Zeit (794-1185) bestand aus einer Haupthalle, Shinden, mit vorgelagertem Teichgarten und einigen durch Korridore verbundenen Gebäuden. Die kaum gegliederte Haupthalle wurde bei Bedarf durch Stellwände und Vorhänge unterteilt. Dieser Stil beeinflußte die Wohnarchitektur bis in die Mitte des 15. Jahrhunderts. Dann setzte sich Neues durch, und es entwickelte sich der Shoin-zukuri. Diesen im frühen 17. Jahrhundert ausgereiften Stil kennzeichnen vor allem die Unterteilung durch Wände und Schiebewände sowie die Einrichtung einer Bildnische (Tokonoma) und eines erhöhten, dem Licht zugewandten und als Schreibtisch geeigneten Erkers (Shoin) neben einer Nische mit unregelmäßig angeordneten Wandbrettern. Das früheste erhaltene Beispiel eines Gebäudes mit einem Shoin-Raum ist der um 1486 errichtete Tôgu-dô im Higashiyama-Palast des Shôguns Ashikaga Yoshimasa.

Der Hôjô des Daisen-in ist ein Beispiel für den Stand der Entwicklung der Shoin-Architektur im frühen 16. Jahrhundert (Plan S. 21). Schiebewände unterteilen ihn symmetrisch.

The Subtemples

In the course of time, "affiliates" to the main temple called tatchû (plan p. 10) developed around the centre of the complex. A tatchû was originally a hermitage close to a grave stupa of a significant Zen master. Monks that tended to the grave and performed rituals lived there. Hsiang-yen Chih-hsien, a Zen patriarch seen sweeping on one of the mural paintings (Zen Patriarch), tended to the grave of Nan-yang Nui-chung (Nan'yô Echû, 675?-775?), the first Zen master upon whom the title "National Teacher" (kuo-shih, kokushi) was bestowed.

Since the end of the Kamakura period, the first half of the 14th century, tatchû were built in Japan for monks who wished to go into retreat. The syllable "in" was often added to the word tatchû, originally meaning enclosed area in Chinese.

The hôjô, the abbot's living room and study, the disciples sleeping room, an administration building and a kitchen belonged to such an "affiliate".

Two styles of architecture distinguished the Japanese upper class: the shinden-zukuri and the shoin-zukuri. The shinden-zukuri residence of the Heian period (794-1185) consisted of a main hall, shinden, in front of which there was a garden with a pond and a few buildings, interconnected by corridors. When required, curtains and panel screens were used to partition the scarcely subdivided main hall. This style influenced the interior architecture up to the mid 15th century. It was around this time that the shoin-zukuri developed. This style fully matured in the early 17th century and is characterized itself by room divisions through walls and sliding partitions as well as alcoves (tokonoma) and a raised bay (shoin) facing the light, which could be used as a writing recess, next to an alcove with irregularly arranged wall boards. The earliest still existing example of a building with a shoin-room is the Tôgu-dô in the Higashiyama palace of the Shôgun Ashikaga Yoshimasa, which was built in 1486.

The hôjô of the Daisen-in is an example of the state of development in the early 16th century (plan p. 21). Sliding partitions divide the room symmetrically, in the centre lies the votive room for mediation and sutra chanting. Two visiting rooms are located on either side: the waiting room, onto

Im Zentrum liegt der Raum für die Meditation und die Sûtren-Rezitation. Ihn flankieren zwei Besucherräume: der »Warteraum«, auf den hin der wie der Hôjô zum Nationalschatz erklärte Genkan führt, und der »Empfangsraum«. Diesen beiden Räumen entsprechen zwei auf der Rückseite. Der nordwestliche heißt Ehatsu (Sanne-Ippatsu) no ma, was wörtlich mit »drei Gewänder, eine Schale« zu übersetzen ist. Es ist der Raum der Zen-Begegnung; der nordöstliche wird Shoin no ma genannt, sinngemäß bedeutet das Studierzimmer; er besitzt jedoch keinen Schreib- und Leseerker, sondern einen Alkoven mit herausnehmbaren Schiebetüren und Rückwänden unter vier kleinen Schiebetüren. Heute dient dieser Alkoven als Bildnische, während in der angrenzenden Nische ein Regal steht.

which the genkan leads, which like the hôjô was declared a national treasure, and the reception room. Two additional rooms at the rear correspond to these. The north-western room is called ehatsu (sanne ippatsu) no ma, which literally means "three robes, one bowl" this is the Zen study room. The north-eastern room is called shoin no ma, which means as much as reading room. No study or reading recess exist though, there is however an alcove with removable sliding doors and back walls above which four compartments with small sliding doors are visible. Today this alcove serves as a niche for paintings, in the neighbouring alcove there are shelves.

Plan des Hôjô/Plan of the Hôjô

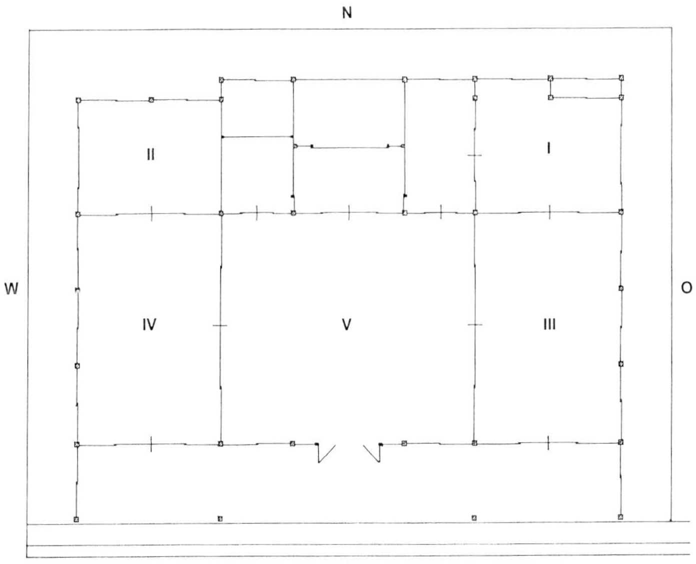

Wandmalerei/Wall-Paintings

I Persönlichkeiten des Alten China
Chinese Historical Figures

II Zen-Patriarchen
Patriarchs of Zen-Buddhism

III Der Reisanbau
Agriculture of the Four Seasons or
The Growing of Rice

IV Blumen und Vögel der Vier Jahreszeiten
Flowers and Birds of the Four Seasons

V Acht Ansichten von Hsiao und Hsiang
Eight Views of the Hsiao and Hsiang Rivers

Raum/Room

I Shoin no ma
Studierzimmer
Reading-room

II Ehatsu no ma
Raum der Zen-Begegnung
Zen-study room

III Rei no ma
Warteraum
Waiting-room

IV Danna no ma
Empfangsraum
Reception-room

V Shitchu no ma
Raum für Meditation und Sûtren-Rezitation
Room for meditation

Plan des Nordostgartens/Plan of the North-East-Garden

Die Namen der Steine/The Name of the Rocks

1 Kogamejima
Kleine Schildkröteninsel
Baby Turtle Islet

2 Butsubanseki
Stein mit Buddhas Fußabdruck
Buddha`s Foot Impression Stone

3 Dokuseiseki
Stein der Erfahrung
Stone of Experience

4 Kamejima/Schildkröteninsel/Turtle Islet

5 Kitôseki
Schildkrötenkopfstein
Turtle`s Head Stone

6 Zazenseki/Zazen-Stein/Stone for Zazen

7 Baanseki/Sattelstein/Saddle Stone

8 Fudôseki/Fudô-Stein/Fudô-Stone

9 Kannonishi/Kannon-Stein/Kannon Stone

10 Hôraizan/Berg Hôrai/Mount Hôrai

11 Taki/Wasserfall/Waterfall

12 Hossuseki
Priesters-Pinsel-Stein
Priest's Brush Stone

13 Chinkôseki/Aloeholzstein/Aloe Wood Stone

14 Shiwabuki
Wellenspritzerstein
Splash of Waves Stone

15 Horagaiishi
Trompetenmuschelstein
Trumpet Shell Stone

16 Tsurujima/Kranichinsel/Crane Islet

17 Darumaishi/Dharma-Stein/Dharma-Stone

18 Meikyoseki
Glänzender-Spiegel-Stein
Bright Mirror Stone

19 Senbôseki
Eremitenkopfstein
Heremit`s Head Stone

20 Kotôseki/Tigerkopfstein/Tiger`s Head Stone

21 Kappaishi
Wasserkoboldstein
Water Imp Stone

22 Ryôtôseki
Drachenkopfstein
Dragon`s Head Stone

23 Furôseki
Stein des Nichtalterns
Non-ageing stone

24 Hakuunseki
Weiße-Wolke-Stein (Wasserfee-Stein)
White Cloud Stone (Water Fairy Stone)

25 Seki/Damm/Dam

26 Reikiseki
Heilige-Kraft-Stein
Holy Power Stone

27 Takara Bune/Schatzschiff/Treasure Boat

28 Eizanseki/Berg-Hiei-Stein/Mount Hiei Stone

29 Shinyuishi/Perlstein/Pearl Stone

30 Gagyûseki
Schlafende-Kuh-Stein
Sleeping Cow Stone

Der Garten

Der Nordostgarten des Daisen-in ist ein Ensemble wunderbarer Steine. Ihre Größe ist auf die bescheidenen Maße des Gartens abgestimmt, ihre Plazierung bringt ihre Eigenart zur Geltung, und sie fügen sich zu einer vielgestaltigen Komposition, von der eine kraftvolle Wirkung ausgeht. Man spürt darin die innere Ordnung. Diese Komposition vereinigt auf schwierigem Eckgelände traditionelle Motive taoistischen Ursprungs – Hôrai-Berg, Kranich- und Schildkröteninsel – mit der durch die Landschaftsmalerei angeregten Darstellung einer Gebirgs- und Flußlandschaft.
Die Stille des Südgartens bildet dazu den Kontrast schlechthin.

Zur künstlerischen Gestalt

Vielleicht wirkt auch auf andere Tempelbesucher der von hellem, feinkörnigen, geharkten Flußkies als »Wasser« umströmte Trompetenmuschelstein (S. 102, 105) als Teil einer komplexen, in Tiefe, Breite und Höhe entwickelten Komposition wie ein Brennpunkt in einem Energiefeld, dem die flankierenden Steine Form geben. Einer heißt Wellenspritzerstein (S. 114), und in der Tat erinnert seine gekräuselte Oberfläche an die muntere Bewegtheit eines murmelnden Baches. Ihm gegenüber ragt ein wahrer Fels steil aus dem Fluß empor (S. 118). Er gehört als einer der beiden Flügel zur Kranichinsel (S. 113) und nimmt in der Komposition dieses Gartenabschnitts als ästhetisches Zentrum – nicht als Höhepunkt – eine Schlüsselposition ein; kernig wie er ist, bildet er einen Blickfang, von welcher Seite man ihn auch sieht.

Das Verhältnis der Kranichinsel zur benachbarten steinernen Brücke und dem optischen Höhepunkt des Gartens verdient einen genaueren Blick, da die Verschiedenheit der Gesteinsarten in der Diskussion um die Entstehungszeit des Gartens eine Rolle spielt.
Doch ist an dieser Nahtstelle, wenn man sie denn überhaupt so nennen will, kein stilistischer Bruch auszumachen. Man kann eher zu dem gegenteiligen Schluß kommen, daß nämlich schon in der ursprünglichen Planung Verschiedenartigkeit bewußt als Gestaltungselement zur Bereicherung der Gesamtwirkung eingesetzt worden ist. Zugleich wurde Formverwandtschaft als kompositionelles Bindemittel verwendet,

The Garden

The north-eastern garden is an ensemble of wonderful rocks. Their size match with the modest dimensions of the garden. Their placement sets off their characteristics and they produce a varied composition with a very powerful effect. The inner balance can be felt. This composition unites on a difficult cornered terrain traditional themes of a Taoist origin, such as the Mount Hôrai, Crane and Turtle Islands, inspired by landscape paintings of a mountainous and riverine landscape. The peacefulness of the South Garden stands in absolute contrast.

Artistic Layout

It may also appear to other visitors of the temple that the Trumpet shell stone (p. 102, 105) which is surrounded by "water" of raked, light coloured, fine-grained river gravel is part of a complex composition of depth, width and height, like the focal point in a field of energy, in which the flanking rocks impart shape. One rock is called Splash of waves (p. 114) and indeed the ruffled surface resembles the lively movement of a murmuring stream. Opposite this rock, a sheer rock juts out of the river (p. 118). The rock being one of the two wings belongs to the Crane Island (p. 113); in the composition of this part of the garden, it is its aesthetic centre, not its highlight. Powerful as it is, it catches the eye, from all sides. The relationship of the Crane Island to the stone

Die Kranichinsel The Crane Island

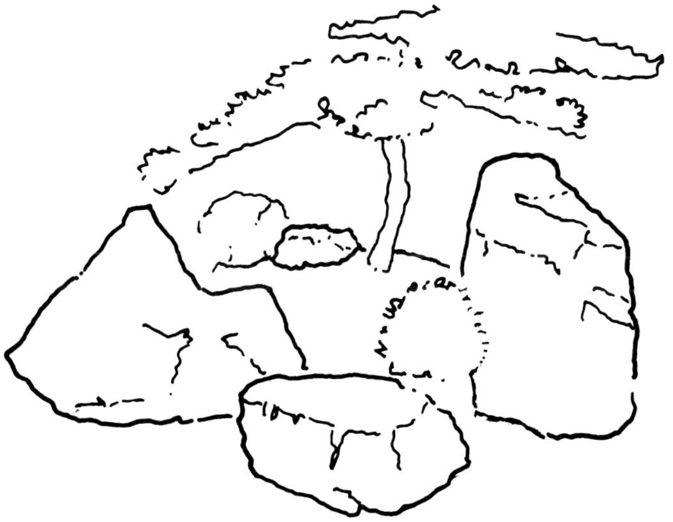

zum Beispiel die zwischen dem Aloeholzstein (S. 43, 103 unten links) und dem ebenen Stein, der mit den Schwanzfedern des Kranichs idendifiziert wird.

Im Zusammenhang mit der Kranichinsel ist unbedingt auch die eindrucksvolle Erscheinung des Dharma-Steins (S. 34, 107, 108) zu erwähnen, des anderen Kranichflügels; er steht da dunkel und still und so ernst wie ein Monument. Man sollte seine offenliegende reiche innere Schichtung bei verschiedenen Sonnenständen betrachten. Sein engeres Umfeld wird neben ihm fast zum bloßen Hintergrund.
Es ist keine Frage, welche beiden Steine an die Steilwände eines Hochgebirges erinnern. Wie ein Paar stehen sie eng nebeneinander und bestimmen die Hauptansicht (S. 102). Sie weisen mit dem Flußlauf nach Süden hin zu dem eintretenden Besucher, der sie vielleicht zuerst durch das glockenförmige Fenster über dem Damm sieht. Den Fudô-Stein, das ist der größere links, prägen helle, knorpelige, aderngleiche Bahnen, die, Kiefernwurzeln auf Waldboden vergleichbar, die Ansichtsseite kräftig durchwachsen. Der kleinere Kannon-Stein ist geringer, aber optisch interessant belebt. Vereint beanspruchen Fudô- und Kannon-Stein nahezu die Breite des Flusses, der rechts mit dem gestuften Wasserfall

Abt Ozeki Abbot Ozeki

bridge and to the optically highest point of the garden merits a closer look, because the difference in the types of stone play an important role in the discussion of the time of origin of the garden.
There is however no sign of discontinuity in style. In fact the contrary is more likely, as it seems that from the start variety was consciously employed as a creative element to enrich the overall effect.
At the same time the affinity to shape was used as a compositional binder, for instance between the Aloe wood rock (p. 43, 103 left bottom) and the smooth rock, which can be identified as the tail feather of the crane.

When referring to the Crane Island it is imperative to mention the impressive appearance of the Dharma stone (p. 34, 107, 108), the other wing of the crane; it stands there dark and still and as grave as a monument. It would be interesting to examine the rich inner layers of the stone at different positions of the sun. Its immediate surroundings virtually blend into a mere background.
There is no question as to which of the two rocks remind us of a steep alpine mountain. Like a couple they stand close together, dominating the main view (p. 102). With the course of the river, they point toward the south in the direction of the entering visitor, who might have already seen them through the bell-shaped window above the dam. The larger rock on the left, called Fudô, is characterised by light, knotty vein-like marks, which – just like the roots of pine trees on a forest ground, are very much intertwined. Although the rock of Kannon is smaller and less impressive, optically speaking it is interestingly vivid. Together the Fudô and Kannon rocks practically claim the entire width of the river, which begins on the right hand side with a terraced waterfall (p. 106). Precisely in the middle in front of them the landscape gardener set two low rocks as a contrast; together with the round-shaped bush, they bring the rock couple even closer together.

The bridge of related colours also enhances this aspect of bringing together (p. 102, 105, 109):
The delicate curve creates an optical base for the sheer steepness that avoids all sense of rigidness. The row of smaller rocks in the "water" ahead, accompany the bridge like an

(S. 106) beginnt. Genau in der Mitte vor ihnen hat der Gartenbauer als Kontrast zwei niedrige Steine gesetzt, die gemeinsam mit dem kugelig geschnittenen Busch darüber das Paar noch enger zusammenschließen.

Auch die farblich verwandte Brücke faßt zusammen (S. 102, 105, 109): Ihre zarte Schwingung bildet eine alles Starre vermeidende optische Basis für die hochragende Steilheit; die Reihe der kleineren Steine vor ihr im »Wasser« begleitet sie dabei wie ein Echo. Neben dem Felsbrocken des Kranichflügels wirkt die Schlankheit des Fudô-Kannon-Paares nacdrücklich, ja, es kommt so etwas wie Hoheit ins Spiel. Jedenfalls bringt diese Gruppe, die Brücke mitgerechnet, als ästhetischer Höhepunkt eine ganz eigene Qualität zum Ausdruck. Die Einbettung in das überwölbende Laub der Kamelie, das als Hôrai-Berg interpretiert wird, erhöht noch die Ausstrahlung.
Flußabwärts, jenseits des Dammes unter dem Gang mit dem glockenförmigen Fenster, wird die nun tiefer gelegene Landschaft etwas schmaler. Es ist wie ein Ausklingen. Das Schatzschiff (S. 46, 52, 122) beherrscht die Szene. Neben ihm taucht der kleine Schildkrötenstein auf. Das Schiff passiert gerade den Berg-Hiei-Stein (S. 63, 131), und sein Bug weist an dem Perlstein vorbei nach Süden, wo die fühlbar tierhafte, massige Schwere des Schlafende-Kuh-Steins (S. 50) den Nordostgarten angemessen abschließt.

In dem Teil des Gartens, der das vom Hôrai-Berg nach Westen strömende Wasser aufnimmt, liegt als Hauptmotiv die Schildkröteninsel (S. 127): ein Erdhügel mit einer anderen Kiefernart als die der Kranichinsel und mit verhältnismäßig niedriger Steinfassung. Der dunkel gestreifte helle Sattelstein (S. 126, 128) ist der eigenwilligste in diesem Kreis; in seiner Nähe scheint der Zazen-Stein als breiter Sockel zum Sitzen mit gekreuzten Beinen aufzufordern. Die Trias aus Schildkröteninsel, Hôrai-Berg und Kranichinsel bildet die Grundlage der um die Gebäudeecke führenden Struktur. Die umgebenden Elemente festigen sie formal in der gewinkelten Gartenfläche wie rahmende Formen eine Komposition in einem Bildfeld. Vor der Veranda grenzen einige niedrige und flache Steine die ästhetische Dimension des Gartenkunstwerks gegen die Architektur ab. Das geschieht leicht und zwanglos. Offenkundig darf nichts in diesem Garten starr wirken, alles

echo. The sleekness, one can even say sovereignty of the Fudô-Kannon pair, is strongly emphasised next to the boulder of the crane's wing.

In any case this group, including the bridge is an aesthetic highlight, which expresses a quality of its own. The overhead leaves of the camellia which is interpreted as Mount Hôrai heighten the subtle emanation around the famous mountain. Downstream, on the other side of the dam, under the corridor with the bell-shaped window, the lower lying landscape becomes a little narrower, as if fading away. The Treasure boat (p. 46, 52, 122) dominates this scene. The Turtle islet rock appears next to it. The ship is just passing the Mount Hiei stone (p. 63, 131) and its bow is pointing beyond the Pearl stone towards the South, where the animal-like, massive weight of the Sleeping Cow stone (p. 50) appropriately closes the north-eastern garden.

In the part of the garden, which catches the water streaming from Mount Hôrai to the West, lies the Turtle island (p. 127). A mound of earth with a different variety of pine tree than on the Crane island with a proportionally low stone setting. The light Saddle stone with dark stripes (p. 126, 128) is the most original within this circle. In its vicinity the Zazen rock with its broad pedestal appears to extend an invitation to sit cross-legged. The trinity Turtle island, Mount Hôrai and

Die Schildkröteninsel Turtle Island

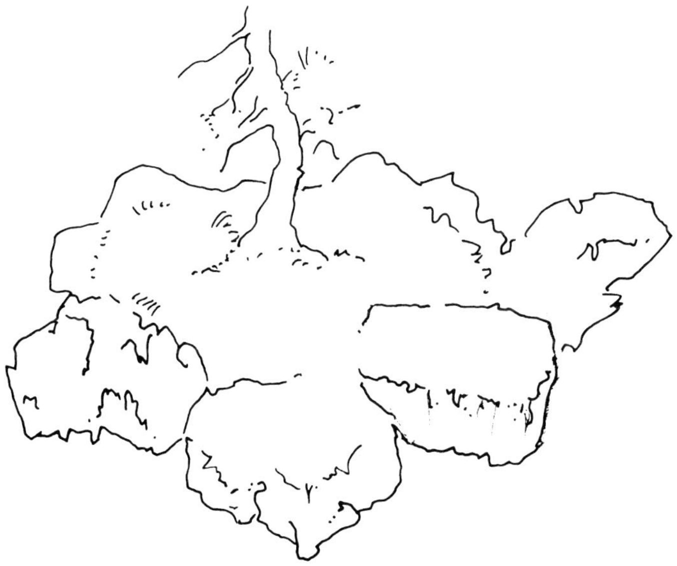

ist auf den Eindruck von Belebtheit und Bewegtheit aus: Das dürfte das leitende Prinzip sein. Und das erklärt die überall anzutreffende Kombination von Steinen verschiedener Art, Gestalt, Größe und Richtung, die Gruppe um das »Bassin« (S. 132, 133, 135) mit dem Stein der Erfahrung veranschaulicht das exemplarisch. Liegen einmal zwei ähnliche Steine zusammen, werden sie gegeneinander versetzt. Und überall gibt es Inseln statt eines durchgehenden Verbundes. Das Wasser kann alles umfließen.
Der Besucher des Tempels, der sich auf der Veranda niederläßt, ist ein wenig in der Rolle des Eremiten oder Literaten, wie er so oft auf chinesischen und japanischen Bildern von einer einsamen Hütte aus die Landschaft betrachtet. Auch hier haben wir ein Hochgebirge mit steiler Felswand, Wasserfall, Fluß und Kiefern. Er erlebt eine von der Malerei inspirierte Szenerie, deren drängende Vielfalt wie unerschöpflich wirkt.

Die Einbindung in eine alte Tradition

Wahrscheinlich verfaßte Tachibana no Toshitsuna (1028-1094), ein Sohn Fujiwara Yorimichis, des Erbauers der Phönix-Halle des Tempels Byôdô-in in Uji bei Kyôto, die »Aufzeichnung über die Errichtung von Gärten«, die jahrhundertelang die japanische Gartenkunst beeinflußte.[6] Im folgenden seien einige Sätze daraus zitiert und zum Daisen-in-Garten in Beziehung gesetzt.

Das Vorordnen des Materials

Das erste Zitat betrifft die Situation zu Beginn der Arbeit: »Stellt man Steine auf, trägt man zuerst große und kleine Steine zusammen. Die Steine, die vertikal aufgerichtet werden sollen, stellt man mit der Spitze nach oben auf; diejenigen, die flach liegen bleiben, legt man mit der Oberseite nach oben auf die Gartenfläche.«
Ob man sich vorstellen darf, daß alle verfügbaren Steine zunächst nach dieser Regel gut überschaubar deponiert wurden um zu prüfen, für welche Stelle ein jeder wohl geeignet wäre? Vermutlich beschäftigte den führenden Geist eine Grundidee, die er nun mit dem vorhandenen Material zu realisieren suchte.

Crane island, constitute the principal structure around the building. The surrounding elements strengthen the structure formally in the cornered garden area like framing shapes do in a composition of a picture. In front of the veranda, some low flat stones set off the aesthetic dimensions of the garden as a work of art from the architecture. This happens easily and informally. Obviously nothing in this garden may appear rigid, everything aims at conveying the impression of vivacity and movement. This is probably the main theme and explains the omnipresent combination of stones of different type, shape, size and direction in the garden. The group around the "basin" (p. 132, 133, 135) with the Stone of Experience exemplifies this very clearly. Whenever two similar rocks are found lying next to each other, they are then transposed. Everywhere there are islands instead of continuous links. The water can flow freely.
The visitor to the temple who chooses to rest on the veranda, slips somewhat into the role of a hermit or literati, who so often is seen on Chinese and Japanese pictures contemplating the landscape from his lonely hut.
Here we also have mountains with a sheer cliff, waterfall, river and pine trees. The visitor experiences a scene inspired by art, which boasts an overwhelming and seemingly inexhaustible variety.

Embedding into an Old Tradition

It was probably Tachibana no Toshitsuna (1028-1094), a son of Fujiwara Yorimichi, the constructor of the Phoenix Hall of the Byôdô-In temple in Uji close to Kyôto, who wrote the "Records of the of the Construction of Gardens", which influenced the Japanese art of garden design for centuries.[6] Some sentences taken from these records follow and are put in the context of the Daisen-in Garden.

Preselection of Material

The first quote refers to the situation before beginning with the actual work: "If one wishes to place stones onto each other, one must first collect large and small stones. The stones that are supposed to be set in a vertical position

Die Reihenfolge beim Aufbau

Über die Reihenfolge der Aufstellung liest man in der »Aufzeichnung«:
»Beim Aufstellen von Steinen setzt man zuerst den kantigen Hauptstein und stellt dann die übrigen Steine in Übereinstimmung mit dem Charakter des Hauptsteines auf.«
Es ist durchaus vorstellbar, daß der linke Flügelstein der Kranichinsel (S. 102, 118) als erster gesetzt sein könnte und eben diese Position unter Berücksichtigung des weiteren Aufbaus genauestens erwogen wurde, denn spätere Korrekturen waren sicherlich ein höchst umständliches Unterfangen. Aus dieser Setzung mögen sich dann die weiteren Entscheidungen in diesem Bereich des Gartens ergeben haben.
Der linke Flügel der Kranichinsel mußte einen starken Akzent setzen, von verschiedenen Seiten attraktiv erscheinen und durfte neben dem Hauptmotiv des Nordostgartens nicht zu dominant wirken. Der Dharma-Stein zum Beispiel wäre an dieser Stelle nicht geeignet gewesen.
Mit der Plazierung des linken Flügelsteins wurde vor allem die Lage der Kranichinsel zugunsten des Hauptmotivs definiert: Sie wurde aus der mittleren Längsachse gegen die rückwärtige östliche Wand verschoben und gab damit den Blick auf den Hôrai-Berg frei. Die Schildkröteninsel ist dagegen mittig angeordnet.

Wie ein Steilhang gestaltet werden soll

Daß dem Gartenkünstler die Überlieferung durchaus vertraut gewesen sein dürfte, dafür spricht die Aufstellung des Fudô- und des Kannon-Steins. Tachibana no Toshitsuna hatte geschrieben:
»Ein Stein, der einen steilen Bergabhang darstellt, soll so stehen, wie man einen Stellschirm (byôbu) aufstellt oder so wie eine Tür, die angelehnt steht oder so, wie eine Treppe gesetzt wird.«
Vermutlich waren die beiden Steine von vornherein für die Darstellung einer Gebirgswand gesucht und ausgewählt worden, glückliche Funde sowohl in der Größe als auch in der Breite und der geringen Tiefe. Der Vergleich mit einem Stellschirm und einer angelehnten Tür liegt in der Tat nicht fern (S. 102, 104, 109).

should be placed pointing upwards, the ones that will remain lying down shall be placed with the surface upwards, onto the garden area."
Is it possible that all the available stones were first visibly placed after this rule, to then examine which site would be suitable for each rock? Probably the creator of the garden had a basic concept in mind, which he contrived to implement with the available material.

Sequence in Construction

The records reveal the following on the sequence of their placement: "When placing stones, you should first complete the placing of the principle stone having a distinct character, and then proceed to set other stones according to that character."
It is easy to imagine that the left stone wing of the Crane island (p. 102, 118) was deposited first and its position minutely considered for the further structuring, as future corrections were undoubtedly a most awkward venture. The positioning of this very rock, may well have determined all further decisions regarding this area of the garden.
The left wing of the Crane Island had to create an impact, and be appealing from various sides but not appear too dominant next to the main motif of the north-east garden. The Dharma stone, for instance, would not have been appropriate on this spot. With the placement of the left wing, the position of the Crane island was defined in favour of the main motif. It was shifted from the middle longitudinal axis to the rear eastern wall, which then gave way to the view onto Mount Hôrai. Turtle Island, however, is positioned towards the centre.

Shaping a Steep Slope

It is evident from the manner of placing the Fudô and Kannon Rock that the artistic landscapist was familiar with tradition. Tachibana no Toshitsuno wrote: "A rock representing a steep slope should stand the way a panel screen (byôbu) is placed, or like a door left ajar, or the way a staircase is built."

Angst vor Dämonen

Die beiden letzen Zitate stellen die Frage zur Diskussion, inwieweit sich der Gartenkünstler des 16. Jahrhunderts bereits aus der Tradition magischer Vorstellungen gelöst haben mag. Das erste lautet:
»Beim Errichten von Gärten gibt es viele Verbote. Verstößt man dagegen, so heißt es, befällt den Besitzer eine Krankheit, schließlich stirbt er, der Ort verödet und wird sicherlich zum Sitz der Dämonen.« Es folgen sehr konkrete Anweisungen, zum Beispiel diese: »Einen Stein, der höher als vier oder fünf Shaku (1,20 bis 1,50 m) ist, soll man nicht im Nordosten aufstellen, sonst wird er zum Geisterstein oder zum Markierungspunkt, der den Dämonen den Weg weist. Deswegen kann man dort nicht lange leben. Stellt man aber im Südwesten die Steine der buddhistischen Trinität auf, so entsteht kein Übel und die Dämonen gelangen nicht herein.« Der Erbauer des Daisen-in Gartens setzte sich über Befürchtungen der Vorfahren hinweg, indem er Fudô- und Kannon-Stein genau im Nordosten aufstellte. War er von den alten Ängsten des magischen Denkens frei?

Probably the two rocks had been sought after and chosen for the representation of a mountainside. They were a fortunate discovery in size as well as in width and modest depth. The comparison to a panel screen and a door ajar is indeed quite feasible (p. 102, 104, 109).

Fear of Demons

The last two quotations raise the question as to which extent the artistic garden designer of the 16th century had already detached himself from the tradition of magical imagination. The first reads:
"When constructing gardens there are many prohibitions. If one breaks the law, so it is said, a sickness shall befall the owner, he shall die, the place shall become desolate, and it will surely become the residence of demons." Some very clear instructions follow, for instance: "A stone, which is higher than four or five Shaku (1.20 to 1.50 m), should not be placed in the north east, as it will turn into a rock of the spirits or into a marker that shall point the way to the demons. That is the reason why it is impossible to live there for an extended period. If the stones of the Buddhist trinity are placed in the south-west, no evil shall however come forth and the demons shall not enter." The builder of the Daisen-in disregarded the fears of the ancestors by placing the Fudô and Kannon Rock exactly in the north-east. Was he freed from the ancient fears of magical thoughts?

Die Ikonographie

Fudô- und Kannon-Stein

Die beiden Steine im Nordosten vor dem Hôrai-Berg, Fudô-Stein und Kannon-Stein (S. 104), tragen bedeutungsträchtige Namen: Sie verkörpern Wesen, die im buddhistischen Pantheon einen hohen Rang besitzen. Fudô-myôô ist unter den fünf Königen des magischen Wissens der zentrale, er geht als Emanation aus dem transzendenten Buddha Vairocana, dem Sonnengleichen, hervor. Sein Sanskrit-Name ist Acalanâtha, der Unbewegliche, Unerschütterliche. Und dieses sind seine Kennzeichen: ein senkrecht nach oben gehaltenes Schwert in der rechten, ein Lasso in der linken Hand, Fangzähne und eine Mandorla aus Flammen. Er personifiziert die Entschlossenheit, alles Übel zu vernichten. Im Mandala des diamantenen Bereichs, dem Vajradhâtu-Mandala der Shingon-Schule des Esoterischen Buddhismus, hat Fudô-myôô seinen Platz im Nordosten, von dort aus schützt er die Menschen vor üblen Einflüssen, die nach altem chinesischen Glauben aus dieser Richtung kommen. Und das wird nun wohl auch im Daisen-in-Garten von ihm erwartet. Ohne die Namensgebung wäre die Setzung der Steine im Nordosten eine klare Dokumentation der Unabhängigkeit von überlieferten magischen Vorstellungen gewesen. Doch mochte man wohl nicht auf die Hilfe des Unerschütterlichen gegen die Dämonen verzichten, und so wirkte sich der Esoterische Buddhismus bis in den Zen Garten hilfreich aus. Von Kûkai (774-835), einer der herausragenden Persönlichkeiten der japanischen Geistesgeschichte, mit der Shingon-Schule in Japan eingeführt, wurde der Acalanâtha-Kult im 13. Jahrhundert populär; er ist es seitdem geblieben; es heißt, Fudô-myôô sei im heutigen Japan einer der am häufigsten angerufene Helfer.

Man kann Fudô-myôô in reifster künstlerischer Gestaltung (um 839) als erhabene Erscheinung im Tô-ji sehen und Kannon als großartiges Spätwerk (1254) des Bildhauers Tankei (1173-1256) in der Mitte des Sanjûsangen-dô, beide in Kyôto. Wenn sie jetzt im Daisen-in-Garten durch die ihnen gewidmeten Steine wie ein Paar beieinander stehen, mag man darüber nachdenken, was sie bei aller Verschiedenheit gemeinsam haben: Sie helfen der Menschheit.

Kannon, chinesisch Kuan-yin, trägt den Sanskritnamen Avalokiteshvara. Eine der Interpretationen dieses Namens lautet: »Der die Klänge (Schreie) der Welt wahrnimmt (erhört)«.7

Iconography

Fudô and Kannon Stone

The two stones in the north-east in front of Mount Hôrai bear meaningful names: They personify beings, who rank highly in the Buddhist pantheon. Fudô-myôô is the central figure among the five kings of magical knowledge, he is the emanation of the transcendent Buddha Vairocana, he who is like the sun. The Sanskrit name is Acalanâtha, the motionless, the unshakeable. His attributes are: in his right hand a sword held upward in vertical position, in his left a lasso, fangs and a mandorla of flames. He personifies the determination to destroy all evil. In the Diamond Mandala called Vajradhâtu mandala of the esoteric Buddhist Shingon School, Fudô-myôô is located in the north-east, from where he protects the people from evil influences, which, according to ancient Chinese belief, originate from that direction.

And that is what seems to be expected of him in the garden of the Daisen-in. If it had not been for the names, the placing of the rocks in the north-east would have presented a clear documentation of independence from traditional magical beliefs. But then the adepts did not want to do without the help of the Unshakeable One against the demons, so in that way the positive effects of the esoteric Buddhism were incorporated into the Zen garden. The Acalanâtha cult, which has remained popular since the 13th century, was introduced together with the Shingon School by Kûkai (774-835), one of the outstanding personalities of Japanese intellectual history; it is said that Fudô-myôô is one the most frequently invoked helpers.

Fûdo-myôô as an exalted figure can be seen at the Tô-ji in an excellent painting (around 839); Kannon can be admired in a superb late work (1254) of the sculptor Tankei (1173-1256) in the middle of the Sanjûsangen-dô, also in Kyôto. It is worth pondering over the question of what these two rocks, dedicated to Fûdo and Kannon, standing together like a couple in the garden of the Daisen-in, who are so different, may have in common: They help humanity (p. 104).

Kannon, in Chinese Kuan-yin, is called Avalokiteshvara in Sanskrit. One of the possible interpretations of this name is: "He who perceives the sounds (outcries) of the world.7 Kannon belongs to the transcedental Bodhisattvas, enlightened beings, who assist the humans; they do not enter Nirvâna until all beings have reached salvation. It is said he

Blick von Süden auf Fudô- und Kannon-Stein A View of the Fudô and Kannon Stones from the South

Kannon gehört zu den transzendenten Bodhisattvas, den Erleuchtungswesen, die den Menschen beistehen und erst dann in das Nirvâna eingehen, wenn alle erlöst sind. Man erzählt, er sei geboren worden, als ein Lichtstrahl, der von dem rechten Auge des Buddha Amida ausging, eine Lotosblüte öffnete. Er erscheint in vielen Darstellungsformen; eine zeigt ihn mit elf Gesichtern und tausend Armen, und die Legende sagt, warum: »Als Avalokiteshvara auf die Leiden der Welt herabblickte, zersprang sein Haupt buchstäblich vor Schmerz; sein geistiger Vater, Amitâbha, fügte die Stücke zu elf neuen Köpfen zusammen. Der Wunsch, allen Wesen zu helfen, ließ Avalokiteshvara tausend Arme wachsen, in deren Handflächen sich je ein Auge befindet.« So gestaltet, verkörpert Avalokiteshvara das allumfassende Mitleid.

Wenn eine seiner Hände einen Rosenkranz hält, verweist dieser auf das Mantra »Om, mani padme, hûm«, was bedeutet: »Om! O Juwel im Lotos! Hûm!« Nach Wolfgang Schumann drückt dieses Mantra die Wesensnatur Avalokiteshvaras aus: Der Lotos, die Reinheit des Bodhisattvas, umschließt das Juwel, das Absolute.[8]

Für viele Anhänger des Mahâyâna-Buddhismus ist wohl Avalokiteshvara unter den verehrten Gestalten die wichtigste. In Ostasien nahm er weibliche Züge an und wurde als Frau angerufen. Als solche erfuhr Avalokiteshvara auch dichterisch eine reiche Ausschmückung, von der die Vergegenwärtigung in einem schlichten, wenngleich ausdrucksvollen Stein nichts ahnen läßt.

Als Beispiel sei eine poetische Schilderung aus dem wahrscheinlich in den siebziger Jahren des 16. Jahrhunderts erschienenen chinesischen Roman Hsi Yü Chi (Reise nach Westen) zitiert; sie lautet in der Übertragung aus dem Englischen:

> Das göttliche Leuchten umglänzt sie,
> das heilige Licht schützt ihren Dharma-Leib.
> In der Glorie des höchsten Himmels
> erscheint eine Unsterbliche.
> Auf ihrem Kopf trug die Leuchtende
> wunderbare Perlquasten
> mit Schließen aus Gold,
> von Türkis gefaßt
> und golden schimmernd.

was born when a ray of light, emanating from the right eye of the Buddha Amida opened a lotos flower. He appears in various forms of expression, one depicts him with eleven faces and a thousand arms and the legend explains why: "As Avalokiteshvara looked down on the sufferings of the world, his head literally burst from pain; his spiritual father, Amitâbha, put the pieces back together again as eleven new heads. The wish to help all beings caused Avalokiteshvara to grow a thousand arms, in the palm of each of which is an eye." Shaped in this manner, Avalokiteshvara embodies the all-embracing compassion. When one of his hands holds the rosary, it refers to the mantra: "om, mani padme, hûm", which means: "Om, oh jewel of the lotos! Hum!" According to Wolfgang Schumann, this mantra expresses the essence of Avalokiteshvara: the lotos, the purity of the boddhisattva, encloses the jewel, the absolute.[8]

For many followers of the Mahâyâna-Buddhism, Avalokiteshvara is among the most important of all the worshipped figures. In East Asia he adopted female features and was addressed as a woman. As such Avalokiteshvara also experienced a rich poetic embellishment, which is unsuspected, when looking at the simple, albeit expressive rock.

The following poetic portrayal is an example from the Chinese novel Hsi Yü Chi (Journey to the West), probably published in the seventies of the 16th century:

> The sacred radiance shines around her,
> The holy light protects her Dharma body.
> In the glory of the highest Heaven
> Appears a female immortal.
> The Bodhisattva
> Wore on her head
> Marvellous pearl tassels
> With golden clasps,
> Set with turquoise,
> And gleaming golden.
> She wore on her body
> A plain blue robe with flying phoenixes,
> Pale-coloured,
> Patterned with running water,
> On which curled golden dragons.
> Before her breast hung

Sie trug ein einfaches zartfarbenes, blaues Gewand,
geschmückt mit fliegenden Phoenixen
und den Formen fließenden Wassers,
an denen sich goldene Drachen ringelten.

Vor der Brust hing ein
mondheller,
im Wind tanzender,
perlenbesetzter,
von Jade eingefaßter Reif voller Duft.
Ihr Rock mit Stickerei und Brokat vom Jade-Teich
mit goldenen Nähten
war aus der Seide der Eisseidenraupe,
er ruhte auf farbigen Wolken.
Vor ihr ging
ein weiß-gelber rotschnäbeliger Papagei,
bereit, aus Dankbarkeit und Pflicht
über den östlichen Ozean
und über die ganze Welt zu fliegen.
Die Vase, die sie hielt,
gab Gnade und Erlösung.
In der Vase stand ein Zweig
der Trauerweide,
um den Nebel hinwegzufegen,
das Wasser an den Himmeln zu vertreiben
und von allem Übel zu reinigen.
Ringe aus Jade umfaßten Brokatknöpfe,
und ihre lotosgoldenen Füße waren verborgen.
Sie konnte alle drei Himmel aufsuchen,
denn sie war Kuan-yin, die Retterin aus Leiden.

Es sei noch angefügt, daß das Sûtra von der Vervollkommnung der Weisheit des Herzens, das Herz-Sûtra, das in China und Japan in den Klöstern fast aller Schulen rezitiert wird, mit dem Namen Bodhisattva Avalokiteshvara beginnt. Dieses Sûtra, japanisch Makahannya haramita shingyô, nimmt im Zen eine besondere Stellung ein, da hier die wichtige, nicht leicht zu begreifende Aussage steht: »Form ist wirklich Leere, Leere wirklich Form.«

A moon-bright,
Wind-dancing
Pearl-encrusted,
Jade-set circlet full of fragrance.
Around her waist was
A skirt of embroidery and brocade from the Jade Pool
Made from the silk of ice-silkworms,
With golden seams,
Supported by coloured clouds.
Before her went
A white and yellow red-beaked parrot,
To fly across the Eastern Ocean,
And all over the world
In gratitude and duty.
The vase she held gave grace and salvation;
And in the vase was a sprig of
Weeping willow to sweep away the fog,
Scattering water on the heavens.
Cleansed all evil.
Rings of jade looped over brocade buttons
And her golden-lotus feet were concealed.
She was able to visit the three heavens,
For she was Kuan-yin, the rescuer from suffering.

It is to be added that the Sûtra of the perfectioning of the wisdom of the heart, the Heart Sûtra that is recited in the monastries of most schools in China and Japan, begins with the name Bodhisattva Avalokiteshvara. This Sûtra, in Japanese Makahannya haramita shingyô, occupies a special position in Zen. It is here that the important but difficult to grasp statement is formulated: "Form is no other than emptiness, emptiness no other than form."

Hôrai-Berg, Kranichinsel und Schildkröteninsel

Nirgendwo ist Buddhistisches mit einem Element taoistischer Herkunft sichtbarer verschmolzen als im ästhetischen Höhepunkt des Gartens, wo das Grün der Kamelie als Hôrai-Berg den Gebirgshang aus Fudô- und Kannon-Stein überwölbt.

In japanischen Gärten gibt es Hôrai-Inseln, Hôrai-Berge und Hôrai-Steine. Hôrai ist eine der Inseln der himmlischen Unsterblichen. Als P'eng-lai wird sie erstmals im zweiten Kapitel des fünften Buches des »Wahren Buches vom quellenden Urgrund« erwähnt; einst dem taoistischen Philosophen Liehtzu (Periode der Streitenden Reich 481-221) zugeschrieben, wird das Werk heute später, und zwar in die Zeit der Ch'in-Dynastie (221-206), datiert. Seit dem vierten vorchristlichen Jahrhundert suchten Expeditionen P'eng-lai und den sagenhaften Pilz der Unsterblichkeit, der dort wachsen sollte.

Folgende Vorstellung leitete sie:
»Östlich vom Po-hai Meer, wer weiß wie viele 1000 Meilen, gibt es eine große Untiefe, die eigentlich ein bodenloser Abgrund ist. Sie heißt das ›Große Grab‹. Alle Wasser der Erde samt der Ströme der Milchstraße fließen dort hinein, und doch nimmt seine Tiefe weder zu noch ab. In seiner Mitte waren einst fünf Berge: T'ai-yü (›Großer Wagen‹), Yüan-chiao (›Rundgipfel‹), Fang-hu, Ying-chou und P'eng-lai. Die Berge maßen über ihre Spitze 30000 Meilen. Auf ihren Gipfeln befand sich [je] ein ebener Raum von 9000 Meilen [im Geviert]. Die Entfernungen zwischen den Bergen betrugen 70000 Meilen, und doch galten sie noch als benachbart. Dort oben sah man nichts als Gold und Edelsteine; Vögel und Tiere leuchteten in glänzendem Weiß, Bäume aus Perlen und Korallen wuchsen in dichten Wäldern, und alle Blumen waren duftend, und süß die Früchte. Wenn man von ihnen aß, sah man sich frei von Alter und Tod. Die Leute, die dort lebten, waren alle Feen und Unsterbliche. Tag und Nacht flogen sie zueinander, sich zu besuchen in zahllosen Scharen. Aber die Wurzeln der fünf Berge waren lose, deshalb schaukelten sie ständig mit Flut und Wogen auf und nieder und standen keinen Augenblick still. Die Unsterblichen verdroß das sehr, und so meldeten sie es dem ›Herrn‹. Der ›Herr‹ begann zu fürchten, die Inseln könnten zum Westpol getrieben werden und damit als Wohnplatz für die

Mount Hôrai, Crane Island and Turtle Island

In no other place are Buddhist and Taoist elements so visibly merged as in the aesthetic highlight of the garden, where the green of the camellia as Mount Hôrai arches over the mountain face of the Fudô and Kannon Rocks.

In Japanese gardens Hôrai islands, Hôrai mountains and Hôrai rocks exist. Hôrai is one of the islands of the heavenly immortals. The island is first mentioned as P'eng-lai in the second chapter of the fifth book of the "True Book of the Surging Sources" once attributed to the Taoist philosopher Lieh-tzu (period of the Warring States 481-221 BC), it is now ascribed to the Ch'in dynasty (221-206). Since the fourth century BC, expeditions searched for P'eng-lai and the mythical mushroom of immortality, that was believed to grow there.

They were led by the following concept:
East of the Po hai sea, nobody knows how many thousand miles away, there is great depth, actually a bottomless abyss. It is called 'Big Grave', into which all the waters of the earth including all the rivers of the Milky Way flow; its depth never varies. In its centre there once were five mountains: T'ai-yü ('The Plough'), Yün-chiao ('Round Top'), Fang-hu, Ying-chou and P'eng-lai. The mountains covered more than 30000 square miles. On each of ther summits there was a plain measuring 9000 square miles. The distance between the mountains was 70000 miles and yet they were regarded as neighbouring. Up there only gold and jewels could be seen, the birds and animals shone in a luminating white, trees of pearls and corals grew in the dense forests, all flowers bore a wonderful scent and the fruits were sweet. After eating one of them, one was released from age and death. The people living there were all fairies and immortals. Day and night countless flocks of them flew around paying visits to each other. As the roots of the five mountains were not attached, they constantly rocked up and down, with the tide and waves; not standing still for a moment. This irked the immortals and they reported it to the 'master'. The 'master' feared the islands might drift to the west pole, and thus be lost as the habitat for the immortals. Therefore he ordered the 'border of the beginning' to bring fifteen huge turtles,

Der Dharma-Stein The Dharma-Stone

Unsterblichen verloren gehen. Daher befahl er dem ›Anfangsgrenze‹, fünfzehn riesige Schildkröten zu bringen, die die Berge auf ihren Köpfen tragen sollten. In dreimaligem Wechsel sollte jede von ihnen 60000 Jahre Dienst tun. So wurden die fünf Berge fest und bewegten sich nicht mehr.«[9]

Der chinesische Kaiser Wu-ti (141-87 v. Chr.) war der erste, von dem berichtet wird, er habe in einem Garten die Inseln der Glückseligkeit darstellen lassen.

In Japan kannte man die taoistische Vorstellung von Inseln der Seligen seit dem 5. Jahrhundert, also schon vor der Einführung des Buddhismus. Zu ihr gehören außer den bereits als Inselträgern erwähnten Seeschildkröten Kraniche, die die Unsterblichen durch die Luft tragen. Beide Tiere wurden wie die wunderbare Insel P'eng-lai zu Symbolen langen Lebens, und als solche sind auch die entsprechenden Gartenmotive zu verstehen, der Hôrai-Berg, die Kranichinsel und die Schildkröteninsel. Auch das Schatzschiff gehört in diesen Zusammenhang: Es soll aus dem Reich der Unsterblichen Gold und Silber holen. Und die Kiefern, die auf den Inseln wachsen, symbolisieren ebenfalls langes Leben.

Der Dharma-Stein/Siddhârtha Gautama/ Die Überlieferung der Lehre

Als Flügel in die Kranichinsel integriert, erinnert der Dharma-Stein (S. 113) an den Begründer und den Kern der buddhistischen Lehre. Mit dem Begriff Dharma ist das kosmische Gesetz gemeint, die Große Ordnung, in die der Mensch eingebunden ist, und die »leuchtende Weisheit«, die Siddhârta Gautama, der Buddha, verkündete.

Die Gautamas gehörten zum Stamm der Shâkyas und damit zum Kriegeradel, der aus seiner Mitte den Präsidenten wählte, den Râja der dem König von Kosala botmäßigen Shâkya-Republik im Gebiet des heutigen Nepal. Als Siddhârtha geboren wurde, hatte sein Vater dieses Amt inne. Der Neugeborene soll, so weiß die Legende zu berichten, auf seinen Fußsohlen als Mal das Rad der Lehre getragen haben. Deshalb wird in allen buddhistischen Ländern Buddhas Fußabdruck (Butsubanseki) verehrt, im Daisen-in-Garten befindet er sich (S. 132) nahe dem Stein der Erfahrung.

Die Lebensdaten sind nicht gesichert. Möglicherweise lebte Siddhârta Gautama von 563-483 v. Chr.

who should bear the mountains on their heads. They should each take three turns and thus be in service for 60000 years. Hence the five mountains were anchored and did not move anymore.[9]

The Chinese Emperor Wu-ti (141-87 BC) it is said to have been the first to have the islands of bliss depicted in a garden.

In Japan the Taoist concept of islands for the Blessed exists since the 5th century, even before the emerging of Buddhism. Turtles were the supporting pillars of the islands and the cranes carried the immortals to the heavens. Like the island P'eng-lai both animals became symbols of longevity, and in such a way the motives Mount Hôrai, Crane Island and Turtle Island are supposed to be interpreted. The Treasure Boat also belongs to this group: It shall bring gold and silver from the kingdom of immortals. The pines that grow on the island also symbolise longevity.

The Dharma-Rock/Siddhârta Gautama/ Records of the Teaching

Integrated as wings into the Crane-Island, the Dharma stone (p. 113) reminds us of the founder and the core of Buddhist teachings. The term dharma signifies the cosmic laws, the great norm underlying our world, and the "luminous wisdom" that Siddhârta Gautama, the Buddha taught. The Gautamas belonged to the tribe of the Shâkya, the noble warriors, who elected their president called Râja from their own ranks. The Râja, obeyed the King of Kosola of the Shâkya Republic, in the region of Nepal today.

When Siddhârta was born, his father held that position. Legend has it that the newborn baby had the sign of the wheel of the teachings marked on the soles of his feet. This is the reason why in all Buddhist countries, Buddha's footprints are worshipped. In the garden of the Daisen-in the Butsubanseki (p. 132) is close to the Stone of Experience.

The exact dates of when he lived are not proven. Possibly, Siddhârta Gautama lived from 563-483 BC.

He married at the age of sixteen. At twenty-nine, after the birth of his son Râhula, he left his family to become a mendicant. At first he followed two teachers, each of whom did not suffice his needs. Then he practised severe asceticism as a forest hermit, until he realised that he would not reach his

Er heiratete als Sechzehnjähriger und verließ neunundzwanzigjährig nach der Geburt des Sohnes Râhula die Familie, um Bettelmönch zu werden. Er folgte zunächst zwei Lehrern, die ihm aber beide nicht genügten, und unterwarf sich danach als Waldeinsiedler rigoroser Askese, bis er erkannte, daß er auf diese Weise nicht sein höchstes Ziel erreichen würde. 528 v. Chr. erlangte er unter einem Pappelfeigenbaum die Erleuchtung: Er wurde ein Buddha, das heißt ein Erwachter. In der Folge gründete er einen Mönchsorden und zog fünfundvierzig Jahre lang lehrend durch Nordindien. In der Südwestecke des Südgartens des Daisen-in erinnert ein Sâla-Baum (S. 140/141) an sein irdisches Ende. Er starb 483 v. Chr. unter einem Baum dieser Art.
Drei Mönchskonzile spielten bei der nur mündlichen Überlieferung der Lehre eine wichtige Rolle. Das erste, das kurz nach dem Tod des Buddha tagte, kodifizierte Lehrreden und Ordensregeln in Pali, der Verkehrssprache der Gebildeten. Das zweite Konzil trat 383 v. Chr. zusammen; es überprüfte den Kanon, machte Einschübe, erläuterte, ergänzte und harmonisierte. Das dritte überprüfte 253 v. Chr. erneut das Gesamtwerk und fügte die Widerlegung von zweihundertachtzehn irrigen Ansichten hinzu.
Die schriftliche Fixierung erfolgte nicht vor dem 1. Jahrhundert v. Chr., und nur der auf Ceylon in Pali niedergeschriebene Kanon blieb vollständig erhalten.
Vom ersten Jahrhundert vor der Zeitwende bis zum 6. Jahrhundert n. Chr. dokumentieren Sûtren anonymer Autoren eine neue Schulrichtung: den Mahâyâna-Buddhismus, der sich in wesentlichen Punkten von den älteren Schulen des Hînayâna unterscheidet, zum Beispiel durch die Philosophie der Leerheit; sodann durch das Vertrauen auf die Erlösungshilfe von Bodhisattvas, den Erleuchtungswesen, sowie auf die Gnade transzendenter Buddhas, vor allem Amitâbhas (japanisch Amida); und durch die »Drei-Leiber-Lehre«, die schließlich dazu führte, daß der Wesenskern der irdischen und transzendenten Buddhas, der Dharmakâya (Leib der Wahrheit), im 6. oder 7. Jahrhundert als Urbuddha personifiziert wurde.

highest goal under these conditions. In 528 BC he reached enlightenment under a fig tree: He became a Buddha, which means the "Awakened one". He founded his own monastic order and travelled for forty-five years around North India preaching. In the south-western corner of the garden of the Daisen-in a Sâla-Tree (p. 140/141) reminds us of his earthly passing away. He died in 483 BC under this type of tree.
Three monastic councils played a significant role in handing down the teachings that only existed in oral form. The first council that was held shortly after the death of the Buddha encoded his speeches and the doctrinal rules into Pali, the language of the educated. The second took place in 383 BC; it verified the canon, added insertions, elucidated, supplemented and made it more consistent. The third council examined the complete work and added two-hundred-and-eighteen pages of refutations of incorrect beliefs. The writing down of the records did not occur prior to the 1st century BC, only the canon written in Pali on Ceylon remains in complete form. From the first to the sixth century AD Sûtras of anonymous authors reveal the upcoming of new traditions: The Mahâyâna Buddhism, which differs considerably from the older tradition of the Hinâyâna, for instance in its philosophy of emptiness, the trust in the Bodhisattvas, the enlightened beings, in helping to reach enlightenment, as well as the mercy of the transhistorical Buddhas, especially Amitâbha (Japanese Amida). The "teachings of the three bodies", resulted in the core of essence of the earthly and transcedental Buddhas, the Dharmakâya (Body of Truth) being personified as the first Buddha in the 6th or 7th century.

Der Ozean der Leerheit The Ocean of Emptiness

Die Drei Erhabenen

Der Buddha predigte keine Götteranbetung, obgleich er die Existenz der Götter des brahmanischen Pantheons nicht leugnete. Sich selbst verstand er nicht als göttliche Inkarnation. Doch schließlich wurden um die Zeitwende Götter des Hinduismus und mit der Ausbreitung des Glaubens weitere göttliche Wesen in die Vorstellungswelt des Mahâyâna-Buddhismus einbezogen.

Den historischen Buddha stellten Bildhauer nicht vor dem ersten Jahrhundert unserer Zeitrechnung figürlich dar. Auf dem Altar der Goldenen Halle des Hôryû-ji bei Nara ist das früheste erhaltene japanische Beispiel (623) einer buddhistischen Trias zu sehen, in ihrer Mitte sitzt der »Weise aus dem Geschlecht der Shâkyas«, begleitet von den Bodhisattvas Mañjushrî und Samantabhadra (japanisch Monju und Fugen). Buddhistische Triaden können verschieden besetzt sein, zum Beispiel mit Amida im Zentrum, flankiert von den Bodhisattvas Kannon und Seishi; oder mit Yakushi in Begleitung von Nikkô und Gakkô. Handelt es sich um Steinsetzungen – die Tradition gibt es seit dem Ende der Nara-Zeit – spricht man von den Drei Erhabenen. Die Dreiergruppe im Nordgarten des Daisen-in stammt aus dem 20. Jahrhundert und wurde 1954 von Nakane Kiusaku errichtet (S. 64, 70).

Der Ozean der Leerheit

Der Pali-Kanon läßt den Buddha dieses sagen: »Weil die Welt von einer Seele leer ist und leer von allem, was zu einer Seele gehört, darum heißt es, ›leer ist die Welt‹.«[10] »Leer ist die Welt« bedeutet: Alles, was existiert, hat keine Eigennatur. Im 1. Jahrhundert vor der Zeitwende begannen buddhistische Philosophen, statt nur von dem Adjektiv leer von dem Substantiv Leerheit zu sprechen. Indem sie das Substantiv verwendeten, bezeichneten sie etwas, das allem gemeinsam ist. Die Leerheit wurde als das Absolute begriffen, als die letzte Wirklichkeit, die alles umgreift und in sich weder Trennendes noch Vielfalt kennt. Die Leerheit wurde auch als Buddha-Natur verstanden, die in jedem Menschen ist und die in sich zu entdecken das Finden der bergenden geistigen Heimat, das heißt der Erlösung, bedeutet. Der Südgarten des Daisen-

The Three Sublime

Buddha did not preach the worshipping of gods, although he did not deny the existence of gods in the Brahman pantheon. He did not see himself as an incarnation of a god. However around the birth of Christ, through the spreading of religions, Hinduist gods and other holy beings were incorporated into the Mâhâyana Buddhism.

Before the first century AD, sculptors rarely portrayed the historical Buddha as a sculpture. On the altar of the Golden Hall in the Hôryû-ji in Nara, the earliest still existing Japanese example (623) of a Buddhist trinity can be seen, in the middle "The Sage from the Shâkya Tribe" sits accompanied by the Bodhisattvas Manushrî and Samantabhadra (Japanese Monju and Fugen). Buddhist trinities can have different constellations, such as Amida in the middle flanked by the Boddhisattvas Kannon and Seishi, or Yukushi accompanied by Nikkô and Gakkô. If the trinity is set in stone, – this tradition exists since the end of the Nara period – it is called the Three Sublime. The trinity in the northern garden of the Daisen-in originates from the 20th century, it was placed there by Nakane Kiusaku in 1954 (p. 64, 70).

The Ocean of Emptiness

In the Pali-canon, the Buddha says the following: "because the world of a soul is empty, and it is empty of all the things that pertain to a soul, that is why it is said 'the world is

Die Drei Erhabenen The Three Sublime

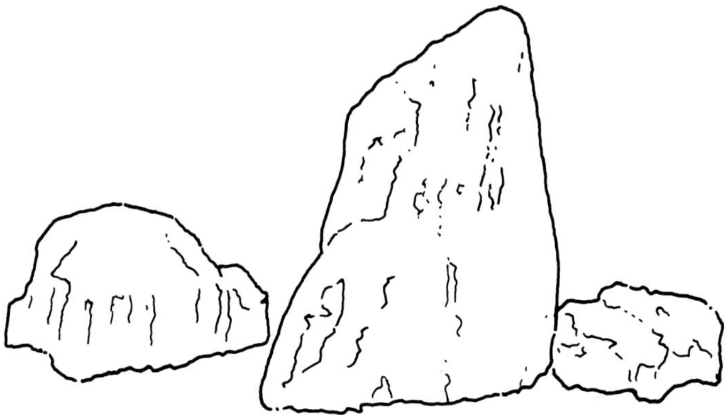

in vermittelt dem, der sich auf der Veranda des Hôjô niederläßt, möglicherweise eine ferne Ahnung von dem, worauf die Lehre von der Leerheit zielt: Die geharkte Fläche aus weißem Flußkies bietet dem Auge eine monochrome Einheit, ein helles Meer, das den Betrachtenden vielleicht aus Raum und Zeit entführt und in seine Stille einbezieht.

Und diese lichte Stille schwingt in sich, dazu tragen die Spuren der Harke und die sanfte Neigung des Geländes bei und wohl auch die Spannung zwischen den zwei kleinen Kegeln und dem Sâla-Baum, der eben hier, am Ozean der Leerheit, der in den Kegeln die Reste des Irdischen überwindet, an den Hinübergang des Erwachten erinnert. Es stellt eine bewundernswerte Leistung dar, das Lichte und die Lebendigkeit der alles durchdringenden, unbegreifbaren Wirklichkeit in dieser bewegten Formlosigkeit zu vergegenwärtigen. Der Kontrast zum Nordostgarten könnte nicht größer sein (S. 18, 138, 140/141). Funktion und Gestalt der seit der Heian-Zeit zum Residenzgarten-Schema gehörenden Sandfläche südlich der Haupthalle sind völlig umgewandelt.

Der Fluß – ein Gleichnis menschlicher Existenz

Der kleine illustrierte Führer des Daisen-in interpretiert Nordost- und Südgarten als zusammengehörig. Er beginnt mit den Inseln: Die Schildkröteninsel repräsentiere die Tiefe, in die der menschliche Geist sinken und die Kranichinsel die Höhe, in die er sich erheben könne, in ihrer Verbindung am Hôrai-Berg komme die Einheit von Himmel und Erde und von Freude und Enttäuschung als Grundelementen menschlicher Erfahrung zum Ausdruck.

> Der Fluß veranschauliche die Spanne des menschlichen Lebens:
> der Oberlauf die impulsive Kraft der Jugend,
> der Tigerkopfstein tragische Erfahrungen, um die der Lebensstrom bestürzt und hilflos wirbele und sich dabei mit der Frage nach dem Sinn der Existenz konfrontiert sehe,
> der Damm einen unüberwindbar erscheinenden Wall aus Zweifel und Widerspruch.

empty'[10]. "The world is empty" means: Everything that exists has no innateness. In the last century BC, Buddhist philosophers started using the word empty not only as an adjective but also as a noun. By using the expression as a noun, they referred to something that is in common in everything. Emptiness was understood to be the Absolute, the all-embracing last truth that knows neither separation nor variety. Emptiness was also understood as the Buddha Nature that exists in everybody, the discovery of the spiritual home, which signifies redemption. To the person sitting on the veranda of the hôjô, the south garden of the Daisen-in might convey, a remote idea of the aim of the teachings of emptiness: The raked surface of river gravel, appears as a monochrome unit, a bright sea, that allows the beholder to escape from space and time, integrating himself into the silence.

This bright silence vibrates from within, a phenomenon to which the traces of the rake and gentle sloping terrain as well as the tension between the two small cones and the Sâla tree contribute. It is here where the Ocean of Emptiness overcomes the remains of mundaneness in the cones, it reminds us of a place of transition to the awakened. It represents an admirable achievement of visualising the light and liveliness of the all-penetrating yet incomprehensible reality in this turbulent shapelessness. The contrast to the north-eastern garden could not be greater (p. 18, 138, 140/141).

The River – an Allegory of Human Existence

The small illustrated guide of the Daisen-in interprets the north-eastern and southern garden as belonging together. It begins with the islands: Turtle Island represents the depth into which the human spirit sinks, the Crane Island the height into which the spirits can rise. The union of the two at Mount Hôrai expresses the unity of heaven and earth and of happiness and disappointment as the basic elements of human experience.

> The river illustrates the span of human life:
> The upper reaches signify the impulsive strength of youth.
> The Tigerhead stone is a symbol for tragic experiences,

Doch der Fluß fließe weiter, aber nun breiter als zuvor, und die größere Breite symbolisiere die Erweiterung des menschlichen Verstehens nach der Zeit der Mühen und der Not.
In der Nähe des Schatzschiffes versuche eine kleine Schildkröte, gegen den Strom zu schwimmen; sie veranschauliche die Vergeblichkeit der Bemühungen, in die Vergangenheit zurückzukehren, während der Strom des Lebens weiterfließe.
Der Fluß münde in den Ozean der Leerheit, wo es kein Gestein, das heißt keine Begehrlichkeit und Gier, mehr gebe. Nur die Reinheit des weißen Sandes sei geblieben, und Mitte Juni unterstreiche das Blühen des Sâla-Baumes in der Südwestecke deren Schönheit.
Neben der menschlichen Existenz im allgemeinen werde hier auch das Leben eines Mönchs symbolisch gespiegelt: im Steingarten dessen materielle Seite, also die Arbeit für den Lebensunterhalt, und im Südgarten die nicht nachlassende Meditation. Die beiden Kieskegel symbolisierten einen weiteren Schritt auf dem Weg zur Läuterung: die Überwindung von Gier und Habsucht durch den Ozean der Ewigkeit.

around which the river
of life swirls around consternated and helpless,
confronted with the question of
the meaning of existence.
The dam appears to be an insurmountable embankment
of doubt and
contradiction.

But the river flows continuously, simply broader than before; this broadness symbolises the expansion of human comprehension after a period of effort and distress.
In the vicinity of the Treasure Boat, a small turtle tries to swim against the current. It illustrates the futility of the endeavour to return to the past, while the stream of life continues to flow.
The river flows into the Ocean of Emptiness where there are no rocks, meaning there is no covetousness or greed. Only the pureness of the white sand remains, its beauty is enhanced in mid June, when the Sâla tree flowers in the north-western corner.
Not only is human existence in general symbolised here, but also the life of a monk. The stone garden expresses the material side, the toil of earning a living, the south garden the incessant meditation. The two cones of gravel symbolise a further step towards purification: Surmounting greed and avarice through the ocean of eternity.

Zur Geschichte der japanischen Gartenkunst

History of the Art of Japanese Gardens

Die Definition des Karesansui-Gartens

Für Gärten dieser Art, bekannt unter der Bezeichnung Karesansui-Gärten, gibt Karl Hennig folgende Definition: »Karesansui bezeichnet jenen Gartenstil, der Gärten unter Verzicht auf Verwendung von Wasser nur aus Steinen, Sand und spärlicher Vegetation in Form von Moos, Bäumen, Sträuchern und Farnen komponiert.«[11] Als Hermann Bohner 1966 seine Zeitenreihe der alten japanischen Gärten veröffentlichte, bezeichnete er 216 von 774 als Karesansui; elf Karesansui-Gärten der Muromachi-Zeit befinden sich in Kyôto, zehn weitere außerhalb der Stadt.

Die Frühzeit

Am Anfang, in vorbuddhistischer Zeit, steht die Wichtigkeit von Steinsetzungen auf Kultplätzen. Empfand man in ihrer Gegenwart numinose Qualitäten, in denen man Götter erkannte? Jedenfalls war man sich noch nicht der Religion bewußt, die heute Shintô heißt. Das Wort Shintô, chinesisch Shen-tao, das dem »Buch der Wandlungen« entstammt und »göttlicher Weg« oder »göttliches Walten« bedeutet, wurde erst von Yoshida Kanetomo (1435-1511) zur Kennzeichnung religiöser Lehren gebraucht. Die taoistische Hôrai-Legende kannte man in Japan, wie gesagt, schon vor der offiziellen Einführung des Buddhismus im Jahre 552 – »eine ideale, errechnete Jahreszahl, die auf buddhistischer Geschichtsspekulation beruht«.[12]

Der erste, namentlich bekannte Gartenbaumeister Japans, Michiko no Takumi, war aus Korea gekommen. Um 612 erhielt er den Auftrag, im kaiserlichen Palastbezirk eine Brücke im chinesischen Stil zu bauen und einen Shumi-sen, einen »Weltenberg« buddhistischer Art, darzustellen.

Als Nara Japans Hauptstadt war (710-784), gehörten zu den Gärten der Aristokratie – es handelte sich um Teichgärten – eine zentrale Insel, ein Wasserlauf, der Shumi-sen, eine Brücke im chinesischen Stil, die Hôrai-Motive und schließlich auch die Steingruppe der Drei Erhabenen.

Definition of the Karesansui Garden

Karl Henning defines the gardens known as Karesansui as follows: "Karesansui describes the style of garden omitting the use of water, a composition of stones, sand and a sparse vegetation in form of moss, trees, shrubs and ferns only."[11] When Hermann Bohner published his periodical on Japanese gardens in 1966, he defined 216 of 774 gardens as Karesansui, of which eleven dating from the Muromachi Era are located in Kyôto, ten more are to be found outside the town.

Early Days

In the beginning, the pre-Buddhist Age was marked by the importance of laying rocks in places of worship. Did one sense divine qualities in their presence, which were taken for a sign of the Gods being present? In all events, there was no conscious distinction from religion called Shintô today. The word Shintô, in Chinese shen-tao, which originates from the "Book of Changes" and means "The Way of the Gods" was first implemented by Yoshida Kanetomo (1435-1511) to characterise religious teachings. The Taoist legend of Hôrai was already known before the introduction of Buddhism in 552 AD. "An ideal, calculated date, based on the Buddhist speculations about history."[12]

The first landscape gardener in Japan, known by name was Michiko no Takumi, who originated from Korea. Around 612 he received the order to build a bridge in Chinese style in the imperial palace district as well as to depict Shumi-sen, a "mountain of the world" in Buddhist manner.

When Nara was the capital of Japan (710-784), the following elements belonged to the gardens of the aristocracy, which were gardens with ponds: a central island, running water, the Shumi-sen, a bridge in Chinese style, the Hôrai motifs and a group of rocks of the Three Sublime.

Gärten der Heian-Zeit

794 wurde Kyôto als neue Hauptstadt gegründet. Und wie dort um die Jahrtausendwende der Garten eines Großen im Reich aussah, schildert die Hofdame Murasaki in der Geschichte vom Prinzen Genji:

»Genji entschloß sich, eine stille Behausung für sich zu bauen, möglichst geräumig und schön; hier wollte er seine da und dort verstreut lebenden Freundinnen – wie etwa die Dame Akashi – wohnen lassen. Es gelang ihm, hierfür einen vier Chô großen Platz in Kyogôku an der Rokujô-Straße, da wo früher das Haus der Kaiserin lag, zu erwerben, und er begann unverzüglich mit dem Bauen ...

Die bisherigen Teiche und Gartenhügel wurden, soweit sie ungünstig lagen, fortgenommen, man verbesserte auch die Richtung der Gewässer und die Konturen der Hügel. Man veränderte alles so, daß es den Damen gefiel. Im Südostflügel erhöhte man vor allem die Hügel und pflanzte in großer Menge Bäume, die im Frühling blühten, gestaltete den Teich noch reizvoller, und in den Vorgarten pflanzte man Bäume wie die fünfnadlige Kiefer, rote Pflaume, Kirsche, Wistaria, Goldnessel, Azaleen, Bäume und Sträucher also, die im Frühling das Auge erfreuten; da und dort zwischen sie pflanzte man unauffällig Herbstpflanzen an. Im Südwestflügel der Kaiserin setzte man auf die von früher vorhandenen Hügel Bäume, die im Herbst schönes, buntes Laub trugen, führte klare Bächlein von weither hindurch und tat Steine hinein, damit ihr Rauschen noch heller klinge; dazu wurde noch ein Wasserfall angelegt, und so schuf man eine sich weithin erstreckende Herbstlandschaft. Da eben Herbst war, prangten die Blüten in bunter Fülle. Selbst die berühmten Hügel und Felder von Ôi bei Saga verblaßten davor. Im Garten des Nordostflügels sprudelte eine kühle Quelle, und hier gediehen Bäume, deren schönste Zeit im Sommer war. In den Vorgarten nahe dem Haus pflanzte man chinesischen Bambus, durch den kühl der Wind wehte, und ringsherum spannte sich ein Gartenzaun aus Unohana, der eine ländliche Stimmung schuf. Büschelweise waren Tachibana gepflanzt, die ›an die Vergangenheit erinnerten‹, Nadeshiko, schöne Rosen und Päonien; dazwischen lugten Frühlings- und Herbstblumen hervor.«[13]

Gardens in the Heian Period

Kyôto was established as the new capital in 794. The lady-in-waiting, Murasaki, described the garden of one of the significant personalities of the empire around the turn of the millennium, in the tale of Prince Genji:

"Genji decided to build himself a quiet habitat, as spacious and beautiful as possible. He wanted his lady-friends, who lived scattered in all directions, like lady Akashi, to live there. For this purpose, he was able to acquire an area of four chô in Kyogôku in the Rokujô Road, where the house of the empress had stood, and he began with the construction immediately.....

If unsuitably positioned, existing ponds and hillocks were removed. The direction of the lakes, rivers and canals as well as the shape of the hills was improved. Everything was changed to the liking of the ladies. In the south-eastern wing, the height of the hills was augmented, and trees that would flower in spring were planted abundantly. The pond was shaped even more charmingly and trees were planted, such as the five-needled pine tree, red plum, cherry, wisteria, golden nettles, azalea, trees and shrubs that warmed your heart in spring. Here and there autumn plants were planted in discretely among them. In the south-western wing of the empress's chambers, trees were planted on the existing hills that bore beautifully coloured leaves in autumn. Clear streams were diverted from far away to run through the garden, rocks were placed in them, so that the murmuring would sound even lighter. A waterfall was built, thus, creating a far-stretching landscape. It was autumn, and the florae were in full blossom. Even the famous hills and fields of Ôi close to Saga faded away. In the north-eastern garden a cool spring bubbled and here the trees, whose most beautiful season was summer, grew. In the front garden close to the house, Chinese bamboo was planted, through which a cool wind blew. Around the garden a fence of Unohana was drawn, creating a rural ambience. Bushels of Tachibana had been seeded, which 'reminded of the past', Nadeshiko, beautiful roses and peonies, between which it was possible to catch a glimpse of spring and autumn blossoms."[13]

Der Aloeholzstein The Aloewood Stone

Man weiß nicht genau, wann die Verfasserin des Romans, die Hofdame Murasaki, lebte; vielleicht wurde sie 978 geboren, und möglicherweise starb sie 1014. Wenig später, das heißt 1019, erteilte Fujiwara Michinaga einen Auftrag, der Lebensformen der Aristokratie auf den Tempelbezirk übertrug und für die Tempelarchitektur und die Rolle des Gartens einen neuen Maßstab setzte: Nach dem Muster der Residenzen ließ er in Kyôto um einen Teich mit zentraler Insel, kleinen Hügeln, Bäumen und Sträuchern als Mittelpunkt eine ausgedehnte Tempelanlage bauen, den Hôjô-ji, und als erste Halle die für neun überlebensgroße Statuen Amidas, des Herrn des Westlichen Paradieses, des Reinen Landes. Und die Zeitgenossen glaubten, hier Paradiesisches zu erleben, wie dieser begeisterte Bericht über eine Zeremonie im Hôjô-ji belegt:

»Mit Wohlgefallen blickte der Kaiser auf die Szene im Tempelbezirk. Der Gartensand glitzerte wie Kristall, und Lotosblüten in verschiedenen Farben trieben in Reihen auf der frischen, klaren Oberfläche des Sees. Jede Blüte trug einen Buddha, das Wasser spiegelte sie und alle Gebäude des Buddha-Bezirks in Ost, West, Süd und Nord, sogar das Sûtrenschatzhaus und den Glockenturm ... Als nächstes kamen von links und rechts der Südgalerie die Reihen der Mönche, und Tränen traten in die Augen der sprachlosen Zuschauer angesichts der großen Zahl heiliger Männer, die sich gleichmäßig vorwärts bewegten, wobei jede Gruppe von einem Ordner angeführt wurde ... Nicht einmal die Bodhisattvas und die heilige Menge, die sich am Geier-Gipfel versammelte, hätte sich mit diesen Mönchen in Auftreten und Haltung messen können. Auch konnte man nicht Freudentränen zurückhalten bei dem Gedanken, daß sogar die Reden der Buddhas der drei Weltperioden wahrscheinlich nicht diesen Zeremonien vergleichbar gewesen wären.

Unzählige Bodhisattva-Tänze wurden auf der Plattform gezeigt, und Kinder führten Schmetterlings- und Vogeltänze derart schön auf, daß man annehmen mußte, zum Paradies bestehe nur ein kleiner Unterschied – ein Gedanke, der die glückverheißende Situation durch das Hervorrufen innerer Bilder des Reinen Landes bereicherte.«[14]

1052, sechs Jahre bevor der Hôjô-ji abbrannte, wandelte Yorimichi, ein Sohn Fujiwara Michinagas, seinen in Uji bei Kyôto gelegenen Sommersitz in einen Tempel um. Es ent-

It is not known when exactly Murasaki, the lady-in-waiting and author of the novel, lived. Possibly, she was born in 978 AD and died in 1014. A little later in 1019, Fujiwara Michinaga gave an order that transferred the way of life of the aristocracy to the temple area. It also set new standards for temple architecture and the role of the garden. In accordance with the model of the residences, he ordered the construction of an extensive temple, called Hôjô-ji in Kyôto, surrounded by a lake with a central island, hillocks, trees and shrubs. Within the compound a hall was built for the nine statues larger than life of Amida, the Lord of the Western paradise, the Pure Land. The contemporaries believed to experience paradise here, as the following report describing a ceremony in the Hôjô-ji affirms:

Very much at ease, the Emperor gazed at the scene
inside the temple compound. The garden sand
glittered like crystal; and lotus blossoms of
varying hues floated in ranks on the fresh, clear
surface of the lake. Each blossom held a Buddha,
its image mirrored in the water, which also
reflected, as in a Buddha domain, all the
buildings on the east, west, south, and north,
even the sutra treasury and the bell tower. . . .
Next the monks filed in from the south gallery,
forming lines on the left and right; and tears
came to the eyes of the speechless spectators at
the sight of that great multitude of holy men
moving forward in unison, each group headed by a
marshal. . . . Not even the Bodhisattvas and the holy
multitude at the assembly on Vulture Peak could
have rivalled those monks in appearance and
bearing. Nor could one restrain tears of joy at
the thought that even the sermons of the Buddhas
of the Three Periods were unlikely to have equalled
these ceremonies.

Innumerable Bodhisattva dances were presented on the
platform, and children performed butterfly
and bird dances so beautifully that one could only
suppose paradise to be little different-a
reflection that added to the auspiciousness of the
occasion by evoking mental images of the Pure Land.[14]

stand der Byôdô-in mit seiner berühmten, von Wasser umgebenen Phönix-Halle, in der Jôchôs großartiges Alterswerk, der Amida Buddha, steht. 1053 fand die Weihe statt. Die Eleganz der Architektur, das vollendete Meisterwerk der Bildhauerei und die Spiegelung des Ensembles im Wasser des Teiches bieten noch heute im Zusammenspiel der Künste ein paradiesisches, für den Gläubigen gewiß verheißungsvolles Bild.

Gartenkunst und Zen: Musô Kokushi

Ein weiterer wichtiger und folgenreicher Schritt in der Entwicklung der japanischen Gartenkunst ist mit dem Namen einer großen und einflußreichen Persönlichkeit der Zen-Geschichte verknüpft: Musô Soseki (1275-1351). Dreimal erhielt er den Ehrentitel Kokushi (»Lehrer des Landes«) zu Lebzeiten und viermal posthum. 1339 wurde er zum Gründer des Tenryû-ji berufen und im selben Jahr beauftragt, einen Tempel der Schule des Reinen Landes, den Saihô-ji, ebenfalls in Kyôto, in einen Zen-Tempel umzuwandeln . Der Tenryû-ji entstand auf dem Grundstück der kaiserlichen Villa Kameyama Rikyû aus dem 13. Jahrhundert, zu der bereits ein Garten gehört hatte. Beim Saihô-ji hatte ein zweigeteilter Garten das Paradies durch einen Teichgarten und die irdische Sphäre durch einen kargen wasserlosen Teil im Karesansui-Stil, aber noch ohne Kies als Substitut für Wasser, vergegenwärtigt.

Was nun verändert wurde und welchen Anteil Musô Soseki an der Gestaltung der berühmt gewordenen Gärten hatte: darüber sind die Meinungen geteilt. Daß Musô Soseki jedoch verantwortlich beteiligt war, geht aus einer heftigen zeitgenössischen Auseinandersetzung hervor. Der Angriff kam vom Enryaku-ji, dem großen Tempel der Tendai-Schule unweit Kyôtos, mit der Forderung nach dem Abriß des Tenryû-ji und der Verbannung Musô Sosekis. Unter anderem wurde gesagt, das Anlegen von Gärten beruhe auf einem falschen Verständnis des Buddhismus. In der Entgegnung hieß es dazu: »Wir [die Zen-Anhänger] vergrößern unsere Bauten und verschönern unsere Gärten, um dadurch das Land Buddhas prächtig und rein zu gestalten. Der Ort, an dem wir uns im Augenblick aufhalten, sollte das Land Buddhas [für uns] sein.«

In 1052, six years before the Hôjô-ji burned down, Yorimichi, a son of Fujiwara Michinaga, converted his summer residence in Uji, close to Kyôto, into a temple. Hence the Byôdô-in with its famous Phoenix Hall was created, surrounded by water in which Jôchô's greatest later work, the statue of Amida, stands. The consecration took place in 1053. The elegance of the architecture, the complete masterpiece of sculpture and the reflection of the ensemble in the water of the pond, still offer through the interaction of arts, a paradisiacal and surely promising image for the faithful today.

Art of Gardens and Zen: Musô Kokushi

An additional momentous step in the development of the art of Japanese landscape gardening is tied to the name of one of the great and influential personalities of Zen history: Musô Soseki (1275-1351) Three times during his life he received the title Kokushi "National Teacher" and four times posthumously. In 1339 he was appointed founder of the Tenryû-ji and in the same year assigned to convert the Saihô-ji in Kyôto, a temple of the School of the Pure Land into a Zen temple. The Tenryû-ji was built on the estate of the 13th century imperial villa Kameyama Rikyû, to which a garden already had belonged. In the Saihô-ji a garden divided into two, wherein paradise was represented by a pond garden and the mundane sphere as a barren waterless part in the style of karensansui, however still without gravel as a substitute for water.

What exactly was changed and how much Musô Soseki contributed to the layout of the famous gardens is not quite clear. That Musô Soseki was heavily involved, is shown in an intense contemporary debate. The dispute came from the Enryaku-ji, the great Tendai temple located not far from Kyôto, demanding that the Tenryû-ji should be torn down and Musô Soseki be banned. Amongst other things it was said that the laying out of gardens was based on a misconception of Buddhism. In the retort following it was said: "We (the followers of Zen) enlarge our buildings and adorn our gardens to shape the Land of Buddha even more splendidly and purely. The place we live in this instant should (for us) be the Land of Buddha."

Das Schatzschiff The Treasure Boat

Ein Mönch der Shingon-Schule unterstützte den Angriff, indem er schrieb: »Die, die Zen praktizieren, sollten keine Gärten anlegen [...]. Musô Soseki behauptet, er praktiziere Zen. Er schuf einen [wundervollen] Garten; damit versetzte er die Leute in Erstaunen. Dies verletzt aufs stärkste [die Regeln] des Sûtra [wie sie im Rokudo-kyô, Band acht] geschrieben stehen.«[15] Der Disput endete ohne negative Folgen für die Zen-Leute, im Gegenteil, von nun an konnten sie ihre Vorstellungen im Gartenbau ungehindert verwirklichen, und daraus resultierte schließlich auch die Gestaltung des Karesansui-Gartens des Daisen-in.
Der Garten des Saihô-ji beeinflußte als bewundertes Vorbild den Garten des »Tempels zum Goldenen Pavillon« Kinkaku-ji (ab 1397) und den des »Tempels zum Silbernen Pavillon« Ginkaku-ji (ab 1482). Beide waren zunächst Palastgärten der Shôgune Ashikaga Yoshimitsu und Ashikaga Yoshimasa.

Sand als Substitut für Wasser im Ginkaku-ji

Im Hinblick auf den Südgarten des Daisen-in interessieren zwei merkwürdige Gebilde im Garten des Ginkaku-ji: die »Plattform gegenüber dem Mond«, ein großer, abgeflachter Kegel, und die geharkte Fläche des »Silbersandmeeres«, da hier erstmalig Sand als Substitut, und zwar gleich zweifach, für Berg und Wasser, zu sehen ist (S. 74, 79).[16] Im übrigen sind kleine Sandkegel bei Heiligtümern dieser Zeit keine Neuigkeit, wie die des Kamigamo-Schreins in Kyôto zeigen, die möglicherweise auf das 6. Jahrhundert zurückgehen und rituellen Zwecken gedient haben könnten.

Der Garten des Ryôan-ji

Nur wenig später, um 1490, schuf ein genialer Künstler den Garten des Ryôan-ji (S. 82, 142), der wie der »Ozean der Leerheit« des Daisen-in von der Südseite des Hôjô aus zu betrachten ist. Auf geharktem feinen Kies sind fünf Steingruppen aus insgesamt fünfzehn Steinen zueinander und zu der leeren Weite um sie in ein staunenswertes Verhältnis gesetzt worden. Trotz der begrenzenden Mauer und trotz der festen Materie des Gesteins schwingt hier letztendlich eine ungreifbare lichte Grenzenlosigkeit. Gestalt und Nichtgestalt fügen sich zu einer wunderbaren Einheit.

A monk from the Shingon School supporting the attack wrote: "Those that practice Zen, should not create gardens (..) Musô Soseki claims to practice Zen. He produced a (magnificent) garden, which amazed everybody. This violates (the rules) of the Sûtra (as they have been written down in the Rokudo-kyô, volume eight)."[15] The dispute ended without any negative consequences for the Zen followers; on the contrary, from this point of time onward they could realise their concepts of landscape gardening unhindered, this ultimately resulted in the creation of the karensansui garden of the Daisen-in.
The garden of the Saihô-ji, a greatly admired model, influenced the garden of the Kinkaku-ji the "Temple of the Golden Pavilion" (from 1397) and the Ginkaku-ji the "Temple of the Golden Pavilion" (from 1482). Both were initially palace gardens of the Shôguns Ashikaga Yoshimutsu and Ashikaga Yoshimasa.

Sand as a Substitute for Water in the Ginkaku-ji

Concerning the south garden of the Daisen-in, two strange objects attract the attention in the garden of the Ginkaku-ji: the "Platform Opposite the Moon" a big flattened cone and the raked area of the "Sea of the Silver Sand", as it is the first time that sand was used twice as a substitute for a mountain and for water (p. 74, 79).[16] Incidentally, small cones of sand were not a novelty in shrines in this period of time, as can be seen in the shrine of Kamigamo in Kyôto, which may date back to the 6th century and may have served for ritual purposes.

The Garden of the Ryôan-ji

Only shortly after in 1490, a brilliant artist created the garden of the Ryôan-ji (p. 82, 142), which appears to be like the "Ocean of Emptiness" on the south side of the hôjô of the Daisen-in. Five groups of rocks consisting of a total of fifteen rocks have been set on a finely raked gravel in an astonishing relation to each other and to the void vastness. Despite the boundary of the wall and the solid material of the rocks, an immense boundlessness can be felt. Shape and shapelessness form a magnificent unity.

Kogaku Sôkô

Nachdem auch der Daitoku-ji im Ônin-Krieg (1467-1477) zerstört worden war, herrschten dort in den Folgejahren schwierige Zustände. Nach vielen Jahren häufigen Abtwechsels gilt Kogaku Sôkô (1464-1548) als starke Persönlichkeit in dieser Position, als, wie der offizielle Führer des Daisen-in sagt, »the most eminent priest of Daitoku-ji, second only to the priest who founded all Daitoku-ji, Daitô Kokushi«. Den Namen Kogaku – Alter Berg – hatte ihm sein Lehrer gegeben, als er mit dreiundzwanzig Jahren selbst Zen-Meister wurde. Kaiser Go Nara (Regierungszeit 1526-1557) verlieh ihm posthum den Titel Kokushi. Seine Schüler, darunter Shôgun Ashikaga Yoshitane, erlebten ihn als strengen Meister. 1509 zog er sich aus dem Amt zurück und baute, unterstützt von seinem Bruder, dem Territorialherrn Rokkaku Masayori, den Subtempel Daisen-in.
Die Rokkakus leiteten sich von Kaiser Uda (Regierungszeit 887-897) her und kontrollierten seit dem frühen 13. Jahrhundert als Militärgouverneure (Shugo) die südliche Hälfte der Provinz Ômi (heute Präfektur Shiga). Rokkaku Ugiyori diente im 14. Jahrhundert Takauji, dem ersten der Ashikaga-Shôgune, und adoptierte einen von dessen jüngeren Brüdern. Seitdem war die Familie Rokkaku dem Shôgunat der Ashikaga eng verbunden; 1568 wurde sie von Oda Nobunaga besiegt und damit historisch bedeutungslos.

Kogaku liebte die Gartenkunst. Ein drei Jahre nach seinem Tod verfaßter Bericht zitiert ihn so: »Neben meiner Zen-Übung pflanze ich seltene Bäume und setze eindrucksvolle Steine; somit erschaffe ich den Eindruck einer Landschaft«.[17] Gewiß kannte Kogaku die zuvor genannten Gärten. Für seine eigene Gründung, den Daisen-in, plante er die Gärten um das Hauptgebäude. Der Südgarten und der Nordostgarten sollen die Zeiten unversehrt überstanden haben, während die jetzige Gestaltung des West- und des Nordgartens aus dem 20. Jahrhundert stammt. In Aufzeichnungen im Nachbartempel Shinju-an heißt es allerdings, der Ostgarten sei ursprünglich sechs Fuß breiter gewesen.

Kogaku Sôkô

After the Daitoku-ji was also destroyed in the Ônin War (1467-1477), the following years were marked by difficult conditions. After frequent exchanges of the abbots, Kogaku Sôkô (1464-1548) was regarded as a leading personality in that position, and as the official guide of the Daisen-in states: "the most eminent priest of the Daitoku-ji, second only to the priest, who founded all Daitoku-ji, Daitô Kokushi". The name Kogaku, Old Mountain, was given to him by his teacher, when he became a Zen master at the age of twenty-three. The emperor Go Nara (reigned 1526-1557) awarded him the title Kokushi posthumously. His disciples, amongst whom also the Shôgun Ashikaga Yoshitane is to be found, knew him as a strict master. In 1509, he retired from office and, with the support of his brother Rokkaku Masayori, a territorial lord, built the subtemple Daisen-in. The Rokakkus were descendants of the Emperor Uda (reign 887-897); since the early 13th century they controlled, as military governors (Shugo), the southern part of the province Ômi (today's prefecture Shiga). In the 14th century Rokakku Ugiyori served Takauji, the first of the Ashikaga Shoguns and he also adopted one of his younger brothers. Since then the Rokakku family was closely related to the Shôgunate of the Ashikaga. In 1568, they were defeated by Oda Nobunaga and became historically insignificant.

Kogaku adored the art of horticulture. A report written three years after his death quoted him as follows: "Apart from my Zen exercises, I plant rare trees and place impressive rocks, this is how I create the impression of a landscape."[17] Kogaku undoubtedly was acquainted with the previously mentioned gardens; for his own creation, the Daisen-in, he planned the gardens around the main building. The south and north-eastern garden appeared to have remained intact, whereas today's layout of the west and north-eastern garden were created in the 20th century. However the records of the neighbouring temple Shinju-an, state that the east garden was originally six foot wider.

Sukzessive Entstehung des Daisen-in-Gartens?

Die Frage nach der Entstehungszeit und der für den Nordostgarten verantwortlichen Künstlerpersönlichkeit hat sehr unterschiedliche Antworten gefunden. Zwei Positionen stehen einander entgegen. Shigemori Mirei (1896-1975), Gartenhistoriker und bedeutender Gartengestalter, nimmt aufgrund des Steinmaterials zwei Entstehungsphasen an: Zunächst seien nur Kranich- und Schildkröteninsel mit Steinen aus den umliegenden Bergen angelegt worden; alles übrige, für das Steine aus der Provinz Awa auf Shikoku verwendet worden seien, stamme aus dem späteren 16. Jahrhundert, genauer: aus der Momoyama-Zeit (1573-1603). Loraine Kuck sowie Jon Covell und Yamada Sobin nehmen dagegen an, während der vierjährigen Bauzeit des Tempels habe Kogaku als Gestalter des Gartens genügend Zeit gehabt, in Gärten, die im Zuge des Ônin-Kriegs aufgegeben worden waren, nach ungewöhnlichen Steinen zu suchen.
Woher sie auch immer gekommen sein mögen, es ist durchaus überzeugend anzunehmen, daß alle verwendeten Steine bei Baubeginn nach vorheriger, von der Malerei beeinflußter Planung die schöpferische Phantasie eines großen Gartenkünstlers zu der jetzt gegebenen vielgliedrigen, lebensvollen Struktur inspirierten. Angesichts der Dichte und Schlüssigkeit ist die Idee einer sukzessiven Entstehung nicht leicht nachvollziehbar. Im Hinblick auf die erklärte Liebe des Bauherrn zur Gartengestaltung und dessen kraftvolle Persönlichkeit liegt die Annahme nicht fern, daß er sich die Möglichkeit zur Umsetzung eigener Vorstellungen natürlich nicht entgehen ließ und diese vielleicht mit Hilfe eines bedeutenden Meisters der Gartenkunst verwirklichte.

Das Hauptmotiv setzte dieser ohne Rücksicht auf mögliche Betrachter im nordöstlichen Raum des Hôjô, in dem Tee zelebriert wurde. Er ordnete seine Komposition nach den formalen Anforderungen, die sich aus dem gegebenen Areal ergaben. Spätere Zeichner des Gartens haben das vielleicht nicht mißverstanden, aber nicht berücksichtigt; sie folgten eben eigenen Regeln der bildlichen Inszenierung, veränderten oder ließen einfach weg. So mag man sich zum Beispiel fragen, ob der Illustrator des »Tsukiyama teizôden« den teilenden Korridor mit dem glockenförmigen Fenster deswegen nicht darstellte, weil dieser zuviel vom Garten verdeckt hätte;

Gradual Creation of the Daisen-in Garden?

The question of the time of origin and the artistic creator of the north-eastern garden has been answered in many ways. Two opposite positions have developed. Based on the kind of rock, Shigemori Mirei (1896-1975), garden historian and important garden designer, presumes two phases of origin: In a first phase, merely the Turtle and Crane Islands were created from rocks of neighbouring mountains: the remaining parts, for which rocks were taken from the province Awa on Shikoku, date from the late 16th century, more precisely from the Momoyama period (1573-1603). Loraine Kuck as well as Jon Covell and Yamada Sobin assume that Kogaku, the creator of the garden, had sufficient time during the four-year period of construction of the temple, to search for extraordinary rocks in gardens that had been abandoned during the Ônin War.
Wherever they may have come from, it is convincing to assume that the given diverse and lively placement of all rocks was a result of the creative fantasy of the great garden artist inspired by paintings before beginning with construction. In view of the density and conclusiveness, the concept of gradual construction is difficult to comprehend. Bearing in mind the love the constructor felt for the layout of gardens and his strong personality, it is possible to assume that he seized the opportunity to implement his own ideas, and perhaps did so with the help of a great master of horticulture.

Holzschnitt aus dem »Tsukiyama teizôden« (Edo-Zeit)
Woodcutting from "Tsukiyama teizôden" (Edo Period)

Der Schlafende-Kuh-Stein The Sleeping-Cow-Stone

eine Trennlinie trug er jedenfalls ein. Dieser überbrückende Korridor wurde 1961 im Rahmen einer Restaurierung des Gartens auf der Basis von Dokumenten aus der »Spät-Edo-Zeit«[18] wiedererrichtet. Manche halten diesen Gang für eine spätere Zutat; eine verbindliche Aussage dürfte schwerfallen.

Without any consideration for possible viewers the main theme was set in the north-eastern room of the hôjô, where the tea ceremony was celebrated. He arranged his composition in accordance with the formal requirements, resulting from the given area. While later painters of the garden might not have misunderstood this, they did not take it into account; they followed their own rules of optical construction, changing or omitting parts. Therefore, the question may arise, whether the illustrator of the "Tsukiyama teizôden" excluded the dividing corridor with the bell-shaped window, because it would have concealed too much of the garden; still he did incorporate a dividing line. In the course of a total restoration of the garden in 1961, this linking corridor was completely re-built according to documents from the Late Edo-period.[18] Some believe this corridor to be a later addition; a conclusive statement about this, however, is difficult to make.

Das Schatzschiff The Treasure Boat

Die Wandmalereien

Kanô Motonobu

Abt Kogaku und sein Bruder vergaben den Auftrag für die Malereien in vier der Räume des Hôjô an ein Atelier, das in hohem Ansehen stand und die sichere Bewältigung der großen Flächen zu gewährleisten versprach. Sie entschieden sich damit für eine Schule, der die Entwicklung dekorativer Qualitäten besonders lag.
Der Auftrag erging an Kanô Motonobu (1476-1559) in Kyôto. Er entstammte einer Samurai-Familie niederen Ranges, die der Nichiren-Schule des Buddhismus anhing. Von Motonobu wird gesagt, er habe im Reiun-in Zen-Unterweisung erhalten. Sein Vater, Kanô Masanobu (1434-1530), stand seit 1481 als offizieller Maler im Dienst des Shôgunats; Motonobu war Schüler seines Vaters gewesen und erhielt wie dieser ein wichtiges offizielles Amt. Er wurde des Shôguns Hauptmaler. Vater und Sohn schufen eine Schultradition, die Jahrhunderte überdauerte. Die Wandmalereien für den Raum der Zen-Begegnung und den Empfangsraum des Daisen-in gehören zu Motonobus bekanntesten Werken.

I. Persönlichkeiten des alten China

In der Zählung des Tempels ist der als Shoin no ma bezeichnete Raum im Nordosten des Hôjô der erste. Deshalb sei die Erörterung der Wandmalereien mit den Darstellungen begonnen, die hierfür geschaffen wurden. Es handelt sich um Persönlichkeiten des alten China, die von Erzählungen und Legenden umrankt sind, darunter die Herrscherin der körperlich Unsterblichen. Um sie zu verstehen, ist es unumgänglich, ein wenig auszuholen.

Philosophischer und religiöser Taoismus

Den Hintergrund der Geschichte, in der die Gebieterin der Unsterblichen auftritt, bildet die Vorstellungswelt des religiösen Taoismus, der sich von dem älteren philosophischen Taoismus wesentlich unterscheidet. Letzterer basiert auf den Klassikern Lao-tzu, der ein Zeitgenosse des Konfuzius (551-479 v. Chr.) war, und Chuang-tzu (circa 369-286 v. Chr.). Der Begriff Tao (wörtlich: Weg) erhielt bereits im vorkonfu-

Mural Paintings

Kanô Motonobu

The abbot Kogaku and his brother gave the commission for the paintings of four rooms of the hôjô to an atelier, with an excellent reputation and the ability to cope reliably with a sizeable surface. Their choice was a school known for its decorative qualities.
The task went to Kanô Motonobu (1476-1559) from Kyôto. He came from a low ranking family of Samurai, who were followers of the Buddhist Nichiren School. It is said that Motonobu received the Zen instructions in Reiun-in. His father, Kanô Masanobu, (1434-1530) was the official painter of the Shôgunate since 1481; Motonobu was a scholar of his father and like him, he was also given a significant official post. He became the Shôgun's main painter. Father and son created a school tradition that survived for centuries. The mural paintings in the Zen Study Room and the Reception Room of the Daisen-in belong to the most famous works of art of Motonobu.

I. Renowned Figures in Ancient China

When counting the rooms of temples, the Shoin no ma in the north-east of the hôjô, is the first. Therefore, the discussion and descriptions of the mural paintings shall begin here. They are portraits of personalities of ancient China, including the ruler of the immortals, known from tales and legends. To understand them requires some in-depth explanations.

Philosophical and Religious Taoism

The framework of the tale, in which the ruler of the immortals appears, is part of the imagination of religious Taoism, which differs considerably from the older philosophical Taoism. The latter is based on the classics by Lao-tzu, a contemporary of Confucius (551-479 BC) and Chuang-Tzu (around 369-286 BC).
The term Tao (literally translated as: Way) already had a metaphysical meaning in pre-Confucian China. In the philosophical Taoism, it refers to the fundamental, unnamed,

zianischen China metaphysische Bedeutung. Im philosophischen Taoismus bezeichnet er die grundlegende, namenlose, unfaßbare, unergründliche Wirklichkeit, aus der alles hervorgeht.
Der Anhänger des philosophischen Taoismus wollte mit dem Tao eins werden, das heißt, durch Versenkung in seine eigene Tiefe Einheit, Einfachheit und Leerheit des Tao finden und damit zum Ursprung zurückkehren. Er bemühte sich, gemäß dem Wesen des Tao frei von Begierde und Absicht zu handeln und den Anforderungen des Augenblicks gerecht zu werden.

Der religiöse Taoismus entstand im 2. Jahrhundert vor Christus aus mehreren Quellen, eine war der philosophische Taoismus; eine andere eine Schule, die mit Atemübungen und Gymnastik Langlebigkeit anstrebte; eine weitere die Lehre von den Fünf Elementen, deren Anhänger das Elixier der Unsterblichkeit finden wollten. Der Glaube an die Inseln der Unsterblichen spielte ebenfalls eine Rolle; er ging auf den bereits erwähnten taoistischen Philosophen Lieh-tzu zurück, der die Suche nach diesen Inseln als Gleichnis für die Reise der Seele verstanden haben dürfte.
Den Gläubigen ging es um physische Unsterblichkeit, sie unterschieden mehrere Arten von Unsterblichen, der Alchemist Ko Hung (284-364) nennt drei: die himmlischen Unsterblichen, die mit hoch aufgerichtetem Körper zu den Wolken emporsteigen und ohne Flügelschlag umherfliegen; die irdischen, die die Bergeinsamkeit lieben und übernatürliche Fähigkeiten besitzen; und schließlich diejenigen, die sich vom Leichnam lösen.
Große Bedeutung kam den Magiern zu, den Fang-shih, den »Herren der Rezepte«. Sie beschäftigten sich mit Astrologie, Astronomie, Geistheilung, Geomantie, Sexualpraktiken, Wahrsagerei, mit der Suche nach den Inseln der Unsterblichen, ferner mit Drogen, Talismanen, Körper- und Atemtechniken. Einer von ihnen, Li Shao-chün, überredete 133 v. Chr. Kaiser Wu-ti zu dem ersten belegten alchemistischen Experiment, bei dem Zinnober in Gold verwandelt werden sollte. Li Shao-chün behauptete, er sei unsterblich und habe die Inseln der Unsterblichen besucht. Sein Tod wurde als erstes Beispiel für die Lösung eines Unsterblichen vom Leichnam interpretiert.

incomprehensible, unfathomable reality, from which everything originates.
It was the aim of the followers of philosophical Taoism to become One with the Tao, which means to find one's own depth, unity, simplicity, and emptiness in Tao, to then return to the source. To endeavour, according to the essence of Tao, to act free of greed and intention and to do justice to the requirements of the moment.

Religious Taoism, developed in the 2nd century BC from various sources, one of which was philosophical Taoism, another was a school that strove for longevity through breathing exercises and gymnastics, yet another was based on the teachings of the five elements, the aim of which was to discover an elixir that ensured immortality. The belief in the islands of immortality also played an important role. It dates back to the above-mentioned Taoist philosopher Lieh-tzu, who is likely to have understood the search for these islands as an allegory of the voyage of the soul. For the followers, physical immortality was the most important element, they differentiated between several types of immortals, of which the alchemist Ko Hung (284-364) names three: the heavenly immortals, who rise up to the clouds with upright bodies and who can fly without flapping their wings, the earthly ones, who love the solitude of the mountains and who possess supernatural powers, and finally those who emerge from a corpse.
Great significance was granted to magicians, the fang-shih, the "masters of recipes". They studied astrology, astronomy, practiced faith healing, geomancy, sexual practices, fortune telling, searched for the islands of immortals, and used drugs, talismans, body and breathing techniques.
One of them, Li Shao-chün, invited the emperor Wu-ti in 133 BC to witness the first verified alchemical experiment, in which cinnabar was to be transformed into gold. Li Shao-chün claimed that he was immortal and that he had visited the isles of immortals. His death was interpreted as the first example of the emergence of an immortal corpse.

Seit dem 6. Jahrhundert wandelte sich die Vorstellung von der Unsterblichkeit, indem diese zunehmend spirituell aufgefaßt wurde.
Man nannte den körperlich Unsterblichen Hsien. Der Begriff hatte einen Bedeutungswandel erfahren. Ursprünglich bezeichnete er einen Menschen, der als phantastischer Flügelmensch in der Lage ist, zu fliegen; sodann einen dem christlichen Engel vergleichbaren fliegenden Unsterblichen. Schließlich verbreitete sich der Glaube und blühte vor allem in der Zeit vom 2. bis zum 4. Jahrhundert n. Chr., auch die Menschen könnten zu Hsien werden und körperliche Unsterblichkeit erlangen.
Der Begriff Hsien wurde schriftlich neu geprägt. Den körperlich Unsterblichen, der »die Einsamkeit der Gebirge sucht oder sich auf einen paradiesischen Inselberg zurückzieht«[19], charakterisierte jetzt die Kombination der Zeichen für Mensch und Berg.
Begriff und Schriftzeichen gelangten mit taoistischem Gedankengut nach Japan – erste Hinweise finden sich in der Nara-Zeit (710-784) – wo dann im buddhistischen Raum aus dem Hsien der Sennin wurde, der Eremit, aber auch der Weise. Gelegentlich erhielt Buddha selbst den Beinamen Sennin.

Zwei Deutungen des Tempelnamens Daisen-in

Abt Kogaku dürfte das Bedeutungsspektrum des Begriffs Hsien gekannt haben. Und der Tempelname Daisen-in? Dietrich Seckel sagt, mit dem »Großen Weisen« sei der Buddha gemeint. Covell und Yamada sprechen, wie in der Einführung dargelegt, von den Großen Weisen, für die der Subtempel ein Refugium darstellt. Wahrscheinlich sind beide Interpretationen möglich. Damit entsteht der Eindruck, als sei der Tempel nicht nur Buddha gewidmet, sondern auch denen, die als Weise, ja, als Große Weise gelten, weil sie sich gleich den Zen-Patriarchen im Ehatsu no ma mit Entschiedenheit um die Erfahrung des wahren Selbst mühten und mühen.

Since the 6th century, the concept of immortality changed and became increasingly spiritual.
The physically immortal was called Hsien. The term had experienced a transformation in meaning. Originally, it expressed a fantastic winged human being, which was able to fly; a flying immortal comparable to a Christian angel. The belief ultimately spread, especially during the 2nd to the 4th centuries AD, that human beings could also become hsien and therefore attain physical immortality.
The term hsien was newly created in its written form. The physically immortal, who searches for the "solitude of the mountains or who retreats to a heavenly island"[19], was now defined by the combination of characters for man and mountain.
First evidence that the term and character together with the Taoist way of thought had reached Japan can be found in the Nara period (710-784), where in the Buddhist area hsien changed to sennin, the hermit, but also the sage. Occasionally, Buddha himself was given the epithet Sennin.

Two Interpretations of the Name Daisen-in

It is probable that the abbot Kogaku knew of the spectrum of the meaning of the word hsien. And the name of the temple Daisen-in? Dietrich Seckel states that the expression "The great Sage" refers to Buddha. As already mentioned in the introduction, Covell and Yamada speak, of the Great Sage, for whom a subtemple constitutes a retreat. Probably both interpretations are plausible. This triggers the impression, that the temple is not only dedicated to Buddha, but also to the Sages, yes even Great Sages, as they, like the Zen patriarchs strove and still strive with determination for the experience of the true self in the Ehatsu no ma.

Wu-ti (Kan no Buti), Hsi wang-mu (Seiôbô) und Tung Fang So (Tôbôsaku)

Wu-ti war der vierte Kaiser der Han-Dynastie (206 v. Chr. bis 221 n. Chr.) und einer der berühmtesten der chinesischen Geschichte. Als er 87 v. Chr. starb, hatte er vierundfünfzig Jahre regiert. Er hatte den Konfuzianismus zur Staatsreligion erhoben, tendierte aber später zu den Schwarzen Künsten der Taoisten. Es wird erzählt, der oben erwähnte Magier Li Shao-chün, der den Kaiser in magische Praktiken einführte, habe nach dem Tod einer Favoritin dem Herrscher mittels magischem Weihrauch die lächelnde Gestalt der verlorenen Geliebten häufig erscheinen lassen. Auf dem Wandbild des Shoin no ma steht Hsi wang-mu, die Gebieterin der Unsterblichen, mit einer flachen Schale voller Früchte nahe bei dem großen steinernen Tisch des Kaisers, während dessen Ratgeber Tung Fang So in einiger Entfernung – und, gemessen an der Bildhöhe, etwas niedriger – gleichfalls an einem Tisch sitzt. Bemerkenswert ist die Behandlung der Rangfrage in der Beziehung zwischen Wu-ti und Hsi wang-mu: Die Unsterbliche nähert sich in Dreiviertelansicht dem sterblichen Monarchen beinahe wie eine Dienerin.
Hsi wang-mu, die »Königliche Mutter des Westens«, lebt im K'un-lun-Gebirge in einem Palast aus Jade, den eine tausend Meilen lange Mauer aus Gold umgibt. In ihrem Garten gedeihen an einem Baum die Pfirsiche, die Unsterblichkeit verleihen. Aber nur alle dreitausend Jahre reift an einem Baum eine Frucht. Wenn es so weit ist, lädt Hsi wang-mu die Unsterblichen zu einem Fest, bei dem der erneut Unsterblichkeit verleihende Pfirsich verzehrt wird.

Zwei Kaiser sollen von ihr Pfirsiche als Geschenke erhalten haben: Mu Wang und Wu-ti. Tung Fang So, der kaiserliche Ratgeber, der in dem Ruf stand, einer der Unsterblichen zu sein, hatte das Kommen Hsi Wang-mus vorausgesagt. Die königliche Mutter des Westens schenkte Wu-ti sieben der kostbaren Früchte. Während sie selbst einen Pfirsich aß, bemerkte sie den durch ein Fenster spähenden Tung Fang So und sagte, dem Kaiser zugewandt: »Dieser Mann stahl und aß drei meiner Pfirsiche und ist nun dreitausend Jahre alt.«

Wu-ti (Kan no Buti), Hsi wang-mu (Seiôbô) and Tung Fang so (Tôbôsaku)

Wu-ti was the fourth emperor of the Han dynasty (206 BC - 221 AD) and one of the most famous in Chinese history. He had reigned fifty-four years when he died in 87 AD. He had made Confucianism the state religion, but later he was more interested in the black powers of the Taoists. Legend has it, that the previously mentioned magician Li Shao-chün, who introduced the emperor to the practice of magic, frequently brought the smiling figure of a deceased favourite lover to the emperor by using magical incense. Hsi wang-mu, the mistress of the immortals can be seen on the mural painting of the Shoin no ma, sitting with a flat bowl of fruit close to the imperial table of stone, while Tung Fang So, the imperial advisor is sitting at some distance, measured at the height of the painting, a little lower, but also at a table. The question of rank in the relationship between Wu-ti and Hsi Wang-mu has been treated quite remarkably: The immortal approaches the mortal monarch in a three-quarter view, almost like a servant.
Hsi Wang-mu, the "Imperial Mother of the West", lives in the K'un-lun mountains in a palace of jade, surrounded by a wall of gold measuring one thousand miles. In her garden grow the peaches that grant immortality. Only every three thousand years one fruit ripens on each tree. When it is ripe, Hsi Wang-mu invites all the immortals to a feast, where the peach of immortality is consumed, granting renewed immortality.

The two emperors Mu Wang and Wu-ti presumably received the peach from her as gifts. Tung Fang So, the imperial advisor, who was said to be an immortal, predicted Hsi Wang mu's arrival. The imperial Mother of the West gave Wu-ti seven of the precious fruits. While she was eating one of them, she saw Tung Fang So peering through the window and she said to the emperor: "This man stole and ate three of my peaches, he is now three-thousand years old."

Der Dichter Lin Ho-ching (Rinnasei)

Links des Zentrums, dort, wo ein Uferstreifen zum Fluß überleitet, tritt der Dichter Lin auf, er lebte im 11. Jahrhundert. Gewöhnlich wird Lin unter einem Pflaumenbaum und mit einem oder zwei Kranichen dargestellt. Das Besondere an ihm ist dieses: Er soll seine Verse nicht aufbewahrt haben, weil er sie nicht der Nachwelt hinterlassen mochte. Lin scheint mit Lin Pu (Rin Yu) identisch zu sein, von dem berichtet wird, er habe aus dem gleichen Grund seine Dichtungen weggeworfen, seinen Freunden sei es jedoch gelungen, über dreihundert zu retten.
Lin lebte von einer Pension, die Kaiser Chên Tsung gewährt hatte. Sein Grab habe er selbst ausgehoben, heißt es.

Der kaiserliche Berater Chiang Tzu-ya (Kyôshiga, Taikobo)

Den kaiserlichen Berater Chiang Tzu-ya – ganz links ist er als Angler zu sehen – versetzt die Legende in das elfte bis zwölfte Jahrhundert, und dieses ist seine oft erzählte Geschichte: Ein Magier hatte dem Kaiser Si Peh vor Beginn einer Jagd angekündigt, er werde kein Wild erbeuten, aber einen geeigneten Mann für seinen Rat finden. Der Monarch traf auf Chiang Tzu-ya, als dieser eine Angel mit gerader Nadel und ohne Köder ausgeworfen hatte. Der Angler gab zu verstehen, er warte auf einen großen Fisch; es hätten schon viele Fische angebissen, er sei aber nicht darauf aus, sie zu fangen, sondern alleine zu sein, um fern von seiner Frau, die ihn für einen Narren halte und abscheulich schmähe, über wissenschaftliche Fragen nachzudenken.
In der Folge diente Chiang Tzu-ya dem Kaiser über zwanzig Jahre, dann kehrte er hochgeehrt in seine Heimatprovinz zurück. Auf dem Heimweg warfen sich zwei Geächtete vor ihm nieder und baten um Vergebung. Es waren seine in tiefste Verdorbenheit geratene Frau und ihr jetziger Mann, ein »Aasgeier«. Chiang Tzu-ya ließ sich einen mit Wasser gefüllten Becher geben, warf ihn zu Boden und sagte: Wie es unmöglich ist, das verschüttete Wasser wieder in den zerbrochenen Becher zu füllen, so ist es unmöglich, nach einer solchen Trennung Mann und Frau erneut zu vereinen. Er zog weiter und starb wenige Jahre später, 1120, im Alter von

The Poet Lin Ho-ching (Rinnasei)

To the left of the centre, where an embankment leads to a river the poet Lin, who lived in the 11th century is depicted. Lin is usually portrayed sitting under a plum tree with one or two cranes. The interesting aspect about him is that he apparently destroyed his verses, not wanting to leave them to posterity. Lin is believed to be Lin Pu (Rin Yu), who threw his poems away for the same reasons. His friends though were able to save more than three hundred of them.
Lin lived off a pension granted by the emperor Chên Tsung. It is said that he dug out his own grave.

The Imperial Advisor Chiang Tzu-ya (Kyôshiga, Taikobo)

The imperial advisor Chiang Tzu-ya, to be seen on the utmost left as a fisherman, transposes the legend to the eleventh or twelfth century; the story is a frequently told one: A magician announced to the emperor Si Peh before the beginning of a hunt that he would not hunt any game, but instead find a suitable man for his council. The ruler came across Chiang Tzu-ya just as he was casting his fishing rod with a straight hook and without any bait. The fisherman told him that he was waiting for a big fish, apparently several fish had already bitten, but it was not his aim to catch them, but to be alone, far away from his wife, who made a fool of him and abused him terribly, to think about some scientific questions.
As a result, Chiang Tzu-ya served the emperor for more than twenty years, to then return to his home province with high honours. On his way home, two outlaws threw themselves in front of him and begged for mercy. It was his frightfully corrupted wife and her new husband, a "vulture". Chiang Tzu-ya asked for a cup filled with water, which he threw to the ground and said: As impossible as it is to fill the spilt water back into the cup, it is impossible to reunite a man and woman after such a separation. He carried on his way and died a few years later in 1120 at the age of ninety. The two others hung themselves on a tree at the roadside.

Schatzschiff und Berg-Hiei-Stein The Treasure Boat and the Mount Hiei Stone

neunzig Jahren. Die beiden aber erhängten sich an einem Straßenbaum.

Die Komposition

Die drei Schauplätze verschmelzen kompositionell zu einem Kontinuum. Während sich vorne im Zentrum der Nebel vor einem die landschaftlich Szenerie unterteilenden Gebirgsfragment lichtet, entweicht der Bildraum seitlich in verhangene Tiefe, in der alles Schwere wie aufgelöst ist. An den Seiten wird dann mit kleinen »Plattformen« und bildeinwärts gewandten Personen der Vordergrund noch einmal akzentuiert. Lineare Bezüge tragen mit zartem Schwingen wesentlich zum formalen Zusammenhalt des Ganzen bei.
Die Figuren sind wie auf Bühnen arrangiert, aber ohne daß um sie Raum wirklich sinnfällig würde: Dreimal enthebt das reine, statisch wirkende Profil sie unter Betonung der Wichtigkeit allem räumlich Zufälligen, und bei den übrigen Personen bleiben die Fußpunkte verborgen.
Die Komposition wurde für vier schmale Felder der Westwand und vier breitere der Südseite des Shoin no ma entwickelt und wahrscheinlich in der Werkstatt in einer Ebene konzipiert. Mit der Installation rückte das mittlere, schwere Felsmotiv in die innere Raumecke.
Das Werk wird Motonobu zugeschrieben und gewiß trug er die künstlerische Verantwortung, wenn er wohl auch die Ausführung nicht persönlich übernahm, sondern sie einem begabten Schüler überließ. Man spürt den Unterschied gegenüber den eigenhändigen Arbeiten, wenn man diese Malerei mit der in den Räumen II und IV vergleicht.

Tee-Kultur

Man kann sich vorstellen, daß es um 1510 zwischen Auftraggeber und Auftragnehmer manches Gespräch über die Themen und ihre Gestaltung gegeben hat. Es waren hochrangige Gäste zu erwarten, die Garten und Malerei betrachten und vielleicht auch die Lebensklugkeit des Anglers, des Dichters Leben für den Augenblick und die Auseinandersetzung mit der Endlichkeit des Lebens im religiösen Taoismus erörtern würden.

The Composition

The three scenes compositionally melt together to a continuum. In the central front section the fog lightens before a mountainous fragment, which is subdivided by a landscape scenery. The lateral area of the painting escapes into overcast depths, in which the masses appear to be dissolved. The foreground is further accentuated by the addition of small "platforms" and figures turned towards the painting on the sides. Linear links contribute substantially to the formal cohesion of the composition in its entity.
The figures have been arranged as if on stages, however without the space around them appearing obsolete. Three times, the pure seemingly static, profile releases them emphasizing of the importance of all spatial coincidence. The nadir of the other persons remains invisible. The composition was developed for four narrow spaces of the west wall and four broader areas of the south side of the Shoin no ma. In the atelier it is believed to have been designed horizontally. When installed, the heavy rock theme of the middle, shifted to the inner corner of the room.

This work of art is attributed to Motonobu, who undoubtedly assumed the artistic responsibilities, in spite of the fact that he probably left the actual implementation to one of his talented disciples. In comparing this painting to the ones in rooms II and IV, the difference to his personal works is evident.

Tea Culture

It can be assumed that around 1510 many conversations took place between the client and the contractor regarding certain themes and their implementation. High ranking guests were expected, who would not only study the garden and the paintings, but who might also ponder over the astuteness of the fisherman, the poet's life for the very moment and the finiteness of life in terms of religious Taoism.

It is common knowledge, that Sen no Rikyû (1521-1591), the most famous tea master, prepared tea in the Shoin no ma of the Daisen-in for his master, the ruler Hideyoshi (1536-

Es ist bekannt, daß Sen no Rikyû (1521-1591), der berühmteste aller Tee-Meister, seinem Herrn, dem Machthaber Hideyoshi (1536-1598), im Shoin no ma des Daisen-in Tee bereitete. Das war Jahrzehnte nach Kogakus Tod, möglicherweise um 1585.
Schon seit dem 14. Jahrhundert wurden außer eleganten Tee-Pavillons auch Studierzimmer für Tee-Gesellschaften benutzt, und es war Nôami (1394-1471), der den »Tee im Studierzimmer« genannten Stil voll entwickelte. Die Gäste betraten den Raum von der umlaufenden Veranda aus, von der auch der Tee hereingebracht wurde. Murata Jukô (1422-1502) setzte neue Akzente, er strebte nach einer Verbindung von Tee-Etikette und Zen in einem Rahmen ohne Luxus. Er vereinfachte den »Tee im Studierzimmer« derart, daß man vom »Tee der Einsiedlerhütte« sprach, und führte die Feuerstelle im Boden ein.

Der Geist, in dem er handelte, kommt in seinen Verhaltensregeln zum Ausdruck:
»1. Das Benehmen soll natürlich und unauffällig sein.
2. Die Blumen sollen leicht und in Harmonie mit dem Tee-Raum sein.
3. Der Duft des Räucherwerks darf nicht zu aufdringlich sein.
4. Die Tee-Geräte sollen sich danach richten, ob es sich um junge oder alte Menschen handelt.
5. Wenn man in den Tee-Raum einkehrt, sollen die Herzen von Gast und Gastgeber ganz ruhig werden und sich keinesfalls durch andere Gedanken ablenken lassen. Das ist das wichtigste, in seinem Herzen zu verweilen und nichts Äußerliches in Anspruch zu nehmen.«[20]

Der große Tee-Meister Takeno Jôô (1502-1555), Jukôs Enkelschüler, setzte diese Richtung fort; er sagte: »Eine Tee-Zeremonie, die nicht das Herz des Gastes erreicht, ist unverzeihlich, sie zeigt nicht den wahren Weg.«[21] Jôôs freistehende Tee-Hütte besaß kein Erkerfenster mehr und hatte Wände aus Lehm.
Abt Kogaku dürfte diese Entwicklung gekannt haben, zumal auch Jôô bei ihm Zen-Meditation praktizierte. Die reiche künstlerische Ausstattung des Shoin no ma legt aber die Vermutung nahe, daß hier der »Tee im Studierzimmer-Stil« gepflegt und von seiner Persönlichkeit geprägt wurde.

1598). This took place several decades after the death of Kogaku, possibly in the year 1585.

As early as in the 14th century, not only elegant tea pavilions were used for refined tea parties, but also studies. Nôami (1394-1471) fully developed the style called "tea in the study". The guests entered the room from the surrounding veranda, from where the tea also was brought in. Murata Jukô (1422-1502) introduced new dimensions by striving for a connection between tea etiquette and Zen in a setting without luxury. He simplified the "tea in the study" to the extent that it was called "tea in the hermitage", the fireplace was installed directly into the floor.

The spirit of his deeds are represented in his rules of conduct:
"1. The behaviour shall be natural and inconspicuous.
2. The flowers shall be simple and in harmony with the tea-room.
3. The scent of the incense shall not be overpowering.
4. The tea utensils shall be subject to the age of the guests.
5. When entering the tea-room, the hearts of the guests and host shall become utterly calm and shall in no way be diverted by other thoughts. This is the key: to remain within one's heart and make no claims on outward appearances."[20]

The great tea master Takeno Jôô (1502-1555), a disciple of Jukô's disciple continued the prevailing trend by stating: "A tea ceremony that does not reach the heart of the guest is not to be pardonned, it does not show the true Way."[21] Jôô's free standing tea hut no longer had a bay window. Its walls were made of clay.
The abbot Kogaku must have been aware of this development, particularly since Jôô also practised Zen meditation with him. The rich artistic decoration of the Shoin no ma gives rise to the assumption that the style "tea in the study" prevailed here and was also influenced by his personality.

II. Zen-Patriarchen

Die Komposition

Für die Darstellung großer chinesischer Zen-Meister schuf Motonobu in der Malerei des Ehatsu no ma eine wiederum bühnenartig nach vorne gerichtete landschaftliche Szenerie, hinter der alles Ferne diffus bleibt. Das Zentrum mit drei voneinander unabhängigen Begebenheiten setzt unten beziehungsweise vorne breit an, um dann um eine deutlich herausgearbeitete mittlere Achse eine aufgipfelnde Gesamtform zu bilden. Gewässer scheiden alles übrige so von der Mitte, daß sich dem Auge im Breitformat eine großzügige, an den Schmalseiten nach innen orientierte Komposition darbietet. Gemäß der Tradition verschleiern Wolken große Partien der Landschaftselemente speziell dort, wo anderenfalls räumliche Verhältnisse zu klären gewesen wären.
Etwas Weiches durchdringt die Präzision und die Härte der festen Materie, und der Raum bleibt als ganzer ohne genauere Festlegung.

Pai-chang Huai-hai (Hyakujô Ekai) und Wei-shan Ling-yu (Isan Reiyû)

Im Zen geht es um Fukashigi, die Erfahrung des Undenkbaren und Unergründlichen. Als Hilfen auf dem Weg zu dieser Erfahrung werden seit etwa der Mitte des 10. Jahrhunderts Kôan benutzt.
Das japanische Wort Kôan entstand aus dem chinesischen Kung-an. Ein Kung-an war ein juristischer Präzedenzfall, und Kôan bedeutet wörtlich »öffentlicher Anschlag«.
Im Zen – und dort vor allem in der Rinzai-Schule – besteht seine Funktion darin, dem Schüler zu helfen, die Ebene des gewöhnlichen Verstehens zu überschreiten und das Undenkbare zu erfahren. Es ist dafür geeignet, weil es sich selbst der logischen Auflösbarkeit entzieht: Es macht »dem Zen-Schüler die Grenzen des Denkens deutlich und zwingt ihn schließlich, sie in einem intuitiven Sprung zu transzendieren.«[22]
Von den vielen überlieferten Kôan sind in Japan etwa fünf- bis sechshundert in Gebrauch, sie bestehen zum Beispiel aus Episoden aus dem Leben bedeutender Meister, aus Fragen und Antworten, aus Gesten und Entgegnungen.

II. Zen Patriarchs

The Composition

For the portrayal of the great Zen masters, Motonobu again created in the paintings of the Ehatsu no ma, a stage-like forward oriented landscape scene, in which everything distant remains blurred. The centre, with three independent events, begins below and in front respectively with broad strokes to form around a clearly elaborated middle axis. Water separates the rest from the centre, so that, over the whole breadth, the eye is presented with a generous composition focussing inward at the narrow sides. In the traditional way, clouds veil large parts of the landscape elements, particularly where spatial issues would otherwise have required clarification.
Gentleness penetrates the precision and austerity of the solid materials, and the space remains as a whole without a precise setting.

Pai-chang Huai-hai (Hyakujô Ekai) and Wei-shan Ling-yu (Isan Reiyû)

Zen is all about fukashigi, the experience of the unthinkable and unfathomable. Kôan are used since the middle of the 10th century to smothen the way to this experience. The Japanese word originates from the Chinese term kung-an, which was a juridical precedent; kôan means literally "public notice".
In Zen, especially in the Rinzai School, the function of kôan is to help the disciple surpass the level of ordinary understanding and to experience the inconceivable. It is appropriate for that purpose, because it is not accessible from the logical analysis: "It makes the Zen disciple aware of the limits of thinking and ultimately forces him to transcend them on another level of comprehension."[22] Of the many kôan that have been handed down, five to six hundred are in use in Japan; they include, for example, biographical events of the great patriarchs, questions, answers, gestures and replies.
Pi-yen-lu (Hekigan-roku), the oldest collection of kôan, was compiled in the 12th century, the Wu-men-kuan (Mumonkan) was published in 1229 for the first time. These two compilations of kôan are regarded to be the most important.

Die älteste Kôan-Sammlung Pi-yen-lu (Hekigan-roku) erhielt ihre heutige Form in der ersten Hälfte des 12. Jahrhunderts, die Wu-men-kuan (Mumonkan) genannte wurde 1229 veröffentlicht. Diese beiden Kôan-Sammlungen gelten als die wichtigsten.
Als vierzigstes Kôan wird im Wu-men-kuan folgende Begebenheit berichtet:
»Meister Wei-shan, als er zuerst unter Pai-chang geschult wurde, wirkte als Küchenmeister. Pai-chang wollte einen Abt für das Wei-shan-Kloster auswählen. Er eröffnete das dem Mönchs-Ältesten und allen Mönchen, und sie sollten sprechen; der rechte sollte gehen. Daraufhin hielt Pai-chang einen Krug hoch, stellte ihn auf den Boden und sagte fragend: ›Dies sollt ihr nicht ›Krug‹ nennen; wie also nennt ihr es?‹
Daraufhin sagte der Mönchs-Älteste: ›Man kann es nicht Holzsandale nennen.‹
Nun fragte Pai-chang Wei-shan. Wei-shan stieß alsbald den Krug um und ging weg.
Pai-chang sagte lachend: ›Der erste Mönch hat gegen Wei-shan verloren‹, und er ordnete an, daß Wei-shan das neue Kloster begründen solle.«[23]
Kanô Motonobu hat dieses Ereignis rechts der Mitte dargestellt.

Pai-chang (720-814) spielt in der Geschichte des Zen eine wichtige Rolle: Er schuf Regeln, die Tagesablauf und Zen-Übung aufeinander abstimmten und zur Grundlage bei der Bildung reiner Zen-Klöster wurden. Zuvor lebten Zen-Meister und Schüler in Klöstern anderer buddhistischer Schulen. Pai-chang legte Wert darauf, daß der Lebensunterhalt hauptsächlich durch eigene Tätigkeit erarbeitet wurde und handelte nach der Maxime: »Ein Tag ohne Arbeit, ein Tag ohne Essen«. Den traditionellen Bittgang der Mönche (Takuhatsu) behielt er nur der geistigen Schulung wegen bei. Er folgte dem Vorbild Tao-hsins (Dôshin, 580-651), der die vielen Schüler, die sich auf dem Shuang-feng-Berg um ihn gesammelt hatten, dazu anregte, sich als Mönchsgemeinschaft selbst zu versorgen.

Wei-shan (771-853) hatte bereits sieben Jahre in einem Kloster der Vinaya-Schule verbracht, bevor er zweiundzwanzigjährig als Schüler zu Pai-chang kam. Bei ihm erlebte er tiefe Erleuchtung. In der Folge diente er zwei Jahrzehnte als

The following event is described in the fortieth kôan of the Wu-men-kuan:
When master Wei-shan was being trained under Pai-chang, he worked as a kitchen chef. Pai-chang wanted to choose an abbot for the monastery of Wei-shan. He informed the elder of the monks and all the monks of this, and they were to speak; the right one should leave. Pai-chang held up a pitcher and then set it down on the ground and asked: "You should not call this >pitcher<, so what would you call it?"
The elder of the monks answered: 'it cannot be called wood sandal.'
Pai-chang then asked Wei-shan. Wei-shan knocked the pitcher over and walked away.
Pai-chang laughed and said:' the first monk has lost against Wei-shan' and he ordered 'Wei-shan to establish the new monestary."[23]

Kanô Motonobu portrayed this event to the right of the centre.
Pai-chang (720-814) plays an important role in the history of Zen: He created the rules that matched the course of the day with the Zen exercise, which became the basis for the creation of pure Zen monasteries. Until then, Zen masters and their disciples had lived in other Buddhist monasteries. Pai-chang attached great value to earning one's own living and he himself lived accordingly: "A day without work, a day without food." He only retained the traditional pilgrimage of the monks (Takuhatsu) for spiritual training. He followed the example of Tao-hsin (Dôshin, 580-651), who had told the disciples, who had gathered around him on Mount Shuang-feng, that they should be self-sufficient as a monk community.

Wei-shan (771-853) had already spent seven years in a monastery of the Vinaya School before joining Pai-chang as a scholar at the age of twenty-two. Here he experienced profound enlightenment. As a result, he spent two decades as a kitchen chef, to eventually settle down on Mount Wei-shan as the chosen abbot. The name of the mountain later became his; he built a hut and dedicated himself to his Zen exercises, without concerning himself with establishing the monastery.
Seven or eight years later the first disciples arrived. His com-

Der Berg-Hiei-Stein The Mount Hiei Stone

Der Nordgarten von Osten The northern garden viewed from the east

Küchenmeister, dann ließ er sich, als Abt ausgewählt, auf dem Berg Wei-shan nieder, dessen Name später der seine wurde, baute eine Hütte und widmete sich seinen Zen-Übungen, ohne sich um die Gründung des Klosters zu sorgen. Nach sieben oder acht Jahren fanden sich die ersten Schüler ein. Schließlich umfaßte die Gemeinschaft 1500 Mönche. Wei-shan hatte einundvierzig Dharma-Nachfolger, das heißt Schüler, die wenigstens den Grad seiner eigenen Erleuchtung erreicht hatten und als Abschluß der Schülerschaft von ihm »das rechte Siegel des deutlich erbrachten Beweises« Inka-Shomei erhielten, mit dem sie ermächtigt wurden, selbst als Meister Zen-Schüler auf dem Übungsweg zu begleiten.

Hsiang-yen Chih-hsien (Kyôgen Chikan)

Einer der einundvierzig Hassu (Dharma-Nachfolger) Wei-shans war Hsiang-yen Chih-hsien (gestorben 898). Ursprünglich buddhistischer Gelehrter, dann Schüler Pai-changs, kam er nach dessen Tod, ohne die Erleuchtung erlangt zu haben, zu Wei-shan. Vergeblich versuchte er, Wei-shans Frage nach seinem Urantlitz vor der Geburt seiner Eltern, also nach dem wahren Selbst, mit Hilfe buddhistischer Literatur, das heißt Sûtren und Kommentaren, zu beantworten. Später dankte er seinem Meister überschwenglich dafür, daß auch dieser ihm die Frage nicht beantwortet hatte. Zunächst aber verbrannte er aus der Einsicht, ein leerer Magen lasse sich nicht mit dem Bild von Speisen füllen, seine Bücher und zweifelte daran, je zur Erleuchtung zu kommen. Er zog sich als Einsiedler zurück und pflegte das Grab des Zen-Meisters Nan-yang Hui-chung (Nan'yô Echû, 675?-775?). Hier geschah es beim Fegen: Das Geräusch, das ein gegen einen Bambusstamm prallender Stein verursachte, löste die ersehnte Erfahrung der Erleuchtung aus. Hsiang-yen lachte schallend. Er opferte Weihrauch, warf sich in Richtung des Berges Wei zu Boden und dankte Wei-shan mit den Worten: »Meister, Eure Güte ist weit größer als die meiner Eltern. Hättet Ihr mir damals die Antwort gegeben, wäre ich niemals zu dieser großen Freude gekommen.«[24]

munity ultimately consisted of 1500 monks. Wei-shan had forty-one dharma-successors, in other words scholars who had reached minimum his own degree of enlightenment and who had received the "the seal of competence of achieved mastery" inka shomei from him at the end of the tutelage. This gave them the right to lead Zen disciples on their own way to enlightenment.

Hsiang-yen Chih-hsien (Kyôgen Chikan)

Hsiang-yen Chih-hsien († 898) was one of the forty-one Hassu (dharma successors) of Wei-shan. Originally he was a Buddhist scholar, then a disciple of Pai-chang and after his death came to Wei-shan, without having reached enlightenment. He tried in vain to answer Wei shan's question regarding the original countenance prior to birth of the parents, meaning the true self, with the help of Buddhist literature such as Sûtras and comments. Later, he thanked his master effusively for him too, not to have answered the question. But because he concluded that an empty stomach could not be filled with the mere picture of food, he began by burning his books and doubted that he would ever reach enlightenment. He retired as a hermit and tended to the grave of the Zen master Nan-yang Hui-chung (Nan'yo Echû, 675?-775?). It happened here, while sweeping: The sound a stone makes when hitting a bamboo stem triggered off the long desired experience of enlightenment. Hsiang-yen laughed out loud. He sacrificed incense, he threw himself on the ground in direction of Mount Wei-shan and thanked Wei-shan with the words: Master, your kindness is far greater than that of my parents. Had you given me the answer then, I would never have experienced this overwhelming happiness."[24]

Ling-yün Chih-ch'in (Reiun Shigon)

Wie Hiang-yen Chih-hsien war auch Ling-yün Chih-ch'in (Reiun Shigon, 9. Jahrhundert) einer der Dharma-Nachfolger Wei-shans und gehörte ebenfalls zu der von dem Meister gegründeten Igyô-Schule. Er steht vorne in der Mitte, schaut aufwärts und erlebt beim Anblick von Pfirsichblüten – man sieht Blüten links vom Wasserfall – die Erleuchtung.

Dreißig Jahre hatte Ling-yün Meditation praktiziert, doch ohne das Ziel zu erreichen. Als er nun eines Tages in den Bergen wanderte, sah er von einem Hügel aus blühende Pfirsichbäume und rief: »Oh, wie wunderschön!« Im Betrachten wurde er in die Blüten hineingezogen, er wurde zur Pfirsichblüte, die Pfirsichblüte wurde zu seinem Selbst, er und die Welt wurden zu Pfirsichblüten. In diesem Augenblick fielen alle Zweifel von ihm ab und er erlebte, was er ersehnt hatte.

Hung-jen (Kônin) und Hui-neng (E'nô)

Das Bildzentrum steht also im Zeichen Pai-changs und einer der von ihm ausgehenden Traditionslinien. Die beiden Männer im Boot repräsentieren dagegen eine frühere und in der Zen-Geschichte entscheidende Phase aus der Sicht der mit der Spaltung der Zen-Bewegung entstandenen Südlichen Schule. Und dieses ist die legendäre Begebenheit: Der fünfte Patriarch Hung-jen (Kônin, 601-674), er ist der Ruderer, wollte, weil er alt war, das Patriarchat auf einen Nachfolger übertragen. Er forderte deshalb seine Schüler auf, ein Gedicht über ihre Zen-Erfahrungen zu schreiben, um den geeignetsten zu erkennen. Aber nur der intellektuell glänzende Shen-hsiu (605?-706) verfaßte eins. Zu dieser Zeit arbeitete in der Küche ein Gehilfe, Hui-neng (E'nô, 638-713). Er stammte aus bescheidenen Verhältnissen und hatte früher zur Unterstützung seiner verwitweten Mutter Brennholz verkauft. Dabei begegnete er einem Mann, der das Diamant-Sûtra rezitierte; bei den Zeilen »Laß deinen Geist frei fließen, ohne bei irgend etwas zu verweilen« erlebte Hui-neng eine erste Erleuchtung. Inzwischen war er in Hung-jens Kloster tätig, aber noch nicht ordiniert. Er schrieb ein Gedicht, das auf das von Shen-hsiu reagierte – und überzeugte damit den alten Patriarchen von der Tiefe seiner Erfahrung. Während

Ling-yün Chih-ch'in (Reiun Shigon)

Like Hsiang-yen Chih-shien, Ling-yün Chih-ch'in (Reiun Shigon, 9th century) was also one of the dharma successors of Wei-shan and belonged to the Igyô School founded by the master, He can be seen standing in the middle in the front, looking upwards, experiencing enlightenment while looking at the peach blossoms which can be seen to the left of the waterfall.

Ling-yün had practised meditation for thirty years, but without reaching the goal. While wandering in the mountains one day, he saw from a hill peach blossoms in full bloom and he cried: "Oh, how wonderful!" While gazing at them, he was drawn into the blossom, he turned into a peach blossom, the peach blossom became him, he himself and the whole world changed into peach blossoms. In this instant, all doubts melted away and he experienced what he had longed for.

Hung-jen (Kônin) and Hui-neng (E'nô)

Hence the centre of the painting is dedicated to Pai-chang and to a line of tradition he founded. The two men in the boat however represent an earlier and in the history of Zen, decisive phase, seen from the perspective of the South School, which resulted from a schism in the Zen movement. The following describes the legendary occurrence: Because of his old age the oarsman, the fifth patriarch Hung-jen (Kônin 601-674), wanted to find a successor for the patriarchy. He, therefore, asked his disciples to write a poem on their Zen experiences to determine the most suitable. But only the brilliant intellectual Shen-hsiu (605?-706) composed one. At that time Hui neng (E'nô,638-713) worked in the kitchen as an apprentice. He came from a very humble background and used to sell firewood to support his widowed mother. While doing so, he met a man who recited the Diamond Sûtra and at the lines "Let your spirit flow freely, without lingering" Hui-neng experienced his first enlightenment. Since then he worked at the monastery, without being ordinated yet. He wrote a poem in response to the one that Shen-hsiu had written and successfully convinced the patriarch of the depth of his experience. At night Hung-jen secretly handed a robe and

der Nacht übergab Hung-jen dem Küchengehilfen heimlich Gewand und Bettelschale als Zeichen der Bestätigung der Nachfolge im Patriarchat, denn er fürchtete die Eifersucht Shen-hsius. Er hielt es sogar für geboten, daß Hui-neng das Kloster sofort verließ und für lange Zeit unbemerkt im Süden lebte. Das Bild zeigt den Aufbruch im Boot.

Shen-hsiu wurde zum Repräsentanten der Nördlichen Schule, die Anspruch auf die Nachfolge im Patriarchat erhob. Der Gegensatz der Lehren wurde auf die knappe Formel gebracht »Plötzlichkeit des Südens – Allmählichkeit des Nordens«. Es ging um den besten Weg zur echten Erleuchtungserfahrung. Kanô Motonobu schildert mit der Darstellung Hiang-yen Chih-hsiens und Ling-yün Chih-ch'ins zwei plötzliche Erleuchtungserlebnisse.

Shih-kung Hui-ts'ang (Shakkyô Ezô) und San-p'ing I-chung (Sanpei)

Pai-chang Huai-hai und seine Schüler stehen in der Tradition der Südschule. Er selbst war einst Schüler des Ma-tsu Tao-i (Baso Dôitsu, 709-788), des großen Meisters, von dem gesagt wird, er habe »einen Blick wie ein Tiger und einen Gang wie ein Büffel« gehabt. Ma-tsu war auch der Lehrer des Shih-kung Hui-ts'ang (Shakkyô Ezô, 8./9. Jahrhundert) ganz rechts im Bild, des einstigen Jägers, der, selbst Zen-Meister geworden, mit einem drastischen Mittel arbeitete.
Er pflegte seine Schüler zu empfangen, indem er mit Pfeil und Bogen auf sie zielte; so auch auf San-p'ing, der nach dem Ruf: »Hab acht, der Pfeil!« seine Brust entblößte und ruhig entgegnete, das sei der Pfeil, der Menschen töte; wo aber bleibe der, der sie zum Leben zurückbringe? Shih-kung legte den Pfeil beiseite und zupfte dreimal an der Sehne des Bogens, woraufhin San-p'ing sich verbeugte. Und Shih-kung sagte, während der vergangenen dreißig Jahre habe er diesen Bogen und zwei Pfeile benutzt, und alles, was er schießend hervorgebracht habe, sei ein halber Heiliger. Danach zerbrach er Bogen und Pfeil wie einst, als er Ma-tsus Schüler wurde und auf das Jagen verzichtete. San-p'ings Furchtlosigkeit hatte ihn davon überzeugt, daß er sein kriegerisches Verhalten gegenüber seinen Schülern aufgeben sollte.

a begging bowl to the kitchen hand as a symbol of confirmation of his succession to the patriarchy, for he feared Shen-hsiu's jealousy. He even deemed it necessary that Hui-neng leave the monastery immediately to live inconspicuously in the south for an extensive period of time. The painting depicts the departure by boat.

Shen-hsiu became the representative of the Northern School, which claimed its right to succession of the patriarchy. The contrast of the teaching was briefly described as "Suddenness of the South, Graduality of the North". Its essence was the best path to reach true enlightenment. In the painting, Kanô Motonobu portrays Hiang-yen Chih-hsien and Ling-yün Chih-ch'in's two sudden enlightenments.

Shih-kung Hui-ts'ang (Shakkyô Ezô) and San-p'ing I-chung (Sanpei)

Pai-chang and his disciples represent the traditions of the Southern School. He himself was once a disciple of the great master Ma-tsu Tao-i (Baso Dôitsu, 709-788), who was described as having "the expression of a tiger and the gait of a buffalo". Ma-tsu was also the teacher of Shih-kung Hui-ts'ang (Shakkyô Ezô, 8th/9th century), in the far right of the picture, the former hunter who, having become a Zen master himself, worked with a drastic method.
He used to receive his pupils aiming at them with his bow and arrow. Also with San-p'ing, who bared his chest upon hearing the cry "watch out for the arrow!" and responded calmly that this was the arrow that kills man, but where was the one that brings them back to life? Shih-kung removed the arrow and twanged the bowstrings three times, whereupon San-p'ing bowed. Shih-kung told him that over the past thirty years he had used this bow and two arrows, and all he had managed to shoot, is one half of a saint. Thereafter, he broke bow and arrow in two, as he had once sacrificed hunting to become a disciple of Ma-tsu. San-p'ing's fearlessness convinced him to give up his bellicose behaviour toward his pupils.

Te-shan Hsüan-chien (Tokusan Senkan)

Auf dem überdachten Korridor, der im Bild über den Ruderern von einem Tempel ausgeht, steht ein Zeitgenosse Weishans. Mit Stock und Bettelschale ausgerüstet, ist er im Begriff, einen Bittgang anzutreten, hält aber inne, weil ein Mönch ihn zurechtweist. Es handelt sich um Te-shan Hsüanchien (Tokusan Senkan, etwa 781-867), einen der bedeutendsten Zen-Meister seiner Zeit, und der ihn Rügende ist Sekihô Gizon aus seinem Kloster. Te-shan hatte gegen die Regel verstoßen, beim Verlassen der Lehrhalle ein Glockenzeichen zu geben und die Trommel zu schlagen. Der Meister kehrt aber nicht seine Stellung heraus und hört auf seinen Schüler.

Te-shan hatte eine Entwicklung vom buddhistischen Gelehrten zum Erkennenden durchgemacht. Im achtundzwanzigsten Beispiel der Kôan-Sammlung Wu-men-kan (Mumonkan) wird das entscheidendste Ereignis in seinem Leben folgendermaßen geschildert:

»Einst bat Te-shan Lung-t'an bis spät in die Nacht um Unterweisung. Lung-t'an sagte: ›Es ist tiefe Nacht. Willst du dich nicht zurückziehen?‹ Te-shan empfahl sich, hob den Türbehang und ging hinaus. Als er die Dunkelheit draußen gewahrte, wandte er sich um und sagte: ›Dunkel draußen.‹ Daraufhin zündete Lung-t'an eine Papierfackel an und reichte sie ihm. Te-shan war im Begriff, sie zu nehmen, da blies Lung-t'an sie aus.

Da kam Te-shan urplötzlich zu einem Durchblick. Er warf sich nieder.

Lung-t'an sagte: ›Was für eine Wahrheit hast du geschaut?‹

Te-shan sagte: ›Von jetzt an wird dieser hier [ich] nicht mehr Zweifel an den Worten des alten Meisters (berühmt überall) unter dem Himmel hegen.‹

Am nächsten Tage stieg Lung-t'an auf den hohen Sitz und sagte: ›Unter euch da ist ein Kerl mit Fangzähnen gleich einem Schwertbaum und mit einem Mund gleich einer Schale voll Blut. Versetzt man ihm einen Schlag, so wird er nicht den Kopf wenden. Eines Tages wird er sich auf einem einsamen Gipfel niederlassen und unseren Weg dort begründen.‹

Te-shan nahm daraufhin seine Kommentare [zum Diamant-Sûtra], ging vor die Dharma-Halle, hob eine Fackel hoch und sagte: ›Auch wenn wir die tiefgründigen Doktrinen gemeistert haben, ist es doch nur, als legte man ein Haar in den

Te-shan Hsüan-chien (Tokusan Senkan)

In the painting, a contemporary of Weishan can be seen standing above the oarsmen, on the roofed corridor that leads from the temple. He is about to depart on a pilgrimage with a stick and begging bowl in his hand when he pauses, because a monk rebukes him. It is Te-shan Hsüan-chien (Tokusan Senkan about 781-867), one of the most eminent Zen masters of his time, the figure reprimanding him is Sekihô Gizon from his monastery. He had violated the rule by omitting to give a signal of striking the bell and beating the drum when leaving the Doctrine Hall. However, the master does not exploit his position, but pays heed to the words of his disciple.

Te-shan had developed from a Buddhist disciple to a cognitive being. In the twenty-eighth example of the kôan Wumen-kan (Mumonkan), the most decisive incident in his life is described as follows:

Te-shan requested instructions from Lung-t'an until late into the night. Lung t'an said: 'It is late at night, do you not wish to retire ?' He took his leave, lifted the door curtain and stepped outside. When he became aware of the darkness outside, he turned around and said: 'dark outside'. Whereupon Lung t'an lit a paper torch and handed it to him. Te-shan was about to take it, when Lung t'an blew it out.

Te shan suddenly understood and he threw himself on the ground.

Lung t'an asked: 'What truth have you seen?'

Te-shan said: 'From now on, I will not doubt the words of the old master, who is known everywhere under the heavens.'

The next day, Lung t'an stepped up onto the high seat and spoke: 'There is a fellow amongst you with canine teeth like a swordtree and a mouth like a bowl of blood. He will not turn his head upon receiving a blow to his face. One day, he will settle down on a lonely mountain peak, and establish our Way.'

Subsequently Te-shan picked up his commentaries (to the Diamond Sûtra) and went to the Dharma Hall, where he held a torch up high and said: 'The fact that we have mastered the profound doctrine, is nothing more than as if placing a hair in a wide room. Even if we have exhausted the

weiten Raum; auch wenn wir das wesentliche Wissen der Welt erschöpft haben, ist es doch nur, als ließe man einen Tropfen in den großen Abgrund fallen.‹

Er nahm seine Kommentare auf und verbrannte sie. Daraufhin verneigte er sich und ging.«[25]

Motonobus Darstellung der Patriarchen entspricht zwar im Stil nicht der eigentlichen Zen-Malerei, muß aber gerade in diesem besonderen Raum eindringlich gewirkt haben. Und vielleicht ist der Geist des Gesprächs zwischen Lung-t'an und Te-shan beispielhaft für das, was auch hier bei Zen-Begegnungen geschah.

Woher Motonobu die Anregung für die Gestaltung des Stoffes nahm, ist bislang nicht bekannt. Als sicher aber dürfte gelten, daß sich Abt Kogaku in der Zen-Tradition, wie sie damals überliefert war, bestens auskannte.

Nenge-den – Die Halle der hochgehaltenen Blume

Der Hôjô wurde als ganzer mit dem ersten aller Patriarchen in der indischen Übertragungslinie in Verbindung gebracht. Auf dem Schild über dem Eingang zum zentralen Raum ist zu lesen:

Nenge-den, das heißt: Halle der hochgehaltenen Blume.

Jeder Zen-Priester versteht diesen Namen als Anspielung auf das Ereignis, das Kâshyapa zum Ur-Patriarchen des Zen machte. Als einziger begriff er die Botschaft, als Gautama Buddha, statt zu predigen, eine Blume hochhielt und zwischen den Fingern drehte. Kâshyapa reagierte mit einem Lächeln, woraufhin der Buddha sagte: »Ich habe den Augen-Schatz des Wahren Dharma, das wunderbare Nirvâna-Bewußtsein, Wahre Form der Nicht-Form, das geheimnisvolle Tor des Dharma. Es kann nicht durch Worte und Buchstaben ausgedrückt werden und ist eine besondere Übermittlung jenseits (außerhalb) aller Lehren. Ich betraue Mahâkâshyapa damit.«[26]

Verehrung der Meister heute

Dankbarkeit gegenüber den Lehrern ist auch in unseren Tagen im Daisen-in ein großes Thema. Nicht nur, daß auf dem zentralen Altar des Gründers gedacht wird. In der

essential knowledge of the world, it is nothing more than a drop falling into the great abyss.'

He picked up his commentaries and burned them. Then he bowed and left."[25]

In terms of style, Motonobu's depiction of the patriarch does not represent the actual style of Zen paintings, but it must have had a particularly vivid effect in this special room. And perhaps the spirit of the conversation between Lung-t'an and Te-shan is exemplary for what occured during Zen encounters. The origin of Motonobu's sourrce of inspiration for this work is unknown. It can, however, be stated for sure that the Abbot Kogaku was very familiar with the Zen traditions, as they were practised at that time.

Nenge-den – The Hall of the Twirling Flower

The hôjô as a whole is connected with the very first patriarch in the Indian line of heredity. The following is written above the entrance to the central room: Nenge-den meaning: Hall of the Twirling Flower.

Every Zen priest interprets this name as an allusion to the incident that made Kâshyapa the first patriarch of Zen. He was the only one to understand the message, when Gautama Buddha, instead of preaching, held up a flower twirling it between his fingers. Kâshyapa reacted with a smile, whereupon the Buddha said: "I have the treasure of the eye of the true dharma, the wonderful mind of nirvana, the true form of non-form, the mysterious Gate of Dharma. It cannot be experienced through words and letters and is specially transmitted (outside of) all doctrine to Mahâkâshyapa."[26]

Worshipping the Masters today

Still today, gratitude towards the masters is an important topic in the Daisen-in. Not only is the founder commemorated on the central altar; but also in the Ehatsu no ma, where the Zen meetings used to occur the father and teacher of today's Abbot Ozeki Sôen is worshipped.

Der Nordgarten von Westen The northern garden viewed from the west

Ehatsu no ma, also dort, wo einst Zen-Begegnungen stattfanden, wird heute der Vater und Lehrer des jetzigen Abtes Ozeki Sôen verehrt, voller Güte blickt Nangakus Statue vom Altar herab.
Es gibt im Hôjô noch zwei weitere Altäre: einen rechts des zentralen Altars, auf ihm steht ein kleiner Schrein mit Shâkyamuni, er ist früheren Äbten gewidmet; und dann einen Kannon-Altar für die Mitglieder der Daisen-in-Gemeinde.

III. Der Reisanbau

Der Raum, der dem Eingang am nächsten liegt, war für die wartenden Begleiter hoher Gäste gedacht. Hier hatten sie Gelegenheit, sich in die Schilderung der jahreszeitlich bedingten bäuerlichen Tätigkeiten, mit denen das Grundnahrungsmittel Reis produziert wurde, zu vertiefen. Allerdings war das erst Jahrzehnte nach der Einweihung des Daisen-in möglich; davon wird noch die Rede sein.

Reisanbau im alten Japan

Zum Naßreisanbau gehören ebene Felder, die der Bewässerung wegen von niedrigen Dämmen umgeben sind. Im alten Japan wurde das benötigte Wasser mit einem mittels Winde oder Tretwerk betriebenen Förderband und auch mit der archimedischen Schraube auf das höhere Feldniveau transportiert.
Man zog zunächst Setzlinge. Für diesen Zweck wurde ein besonderes Feld gepflügt und gedüngt und das Saatgut oft in seinen Strohbehältern durch Wässerung in einem Teich zum Austreiben gebracht und dann in der Sonne ausgebreitet. Im Mai streute man die Saat vom Ufer aus ins bewässerte Feld und hatte nach vierzig Tagen etwa 30 cm hohe Pflanzen.
Vor dem Auspflanzen galt es, Stoppeln und Unkraut der noch trockenen Felder umzupflügen oder umzugraben und mit Kompost, Asche und Schlamm aus Gräben zu düngen. Darauf folgte die Bewässerung.
Für das Ausziehen der Setzlinge brauchte man erfahrene Leute. Das Pflanzen oblag gewöhnlich jungen Frauen, und das hatte mit dem Glauben zu tun, daß deren potentielle Fruchtbarkeit sich auf den Reis übertragen könne. Sie arbei-

Full of kindness the statue of Nangaku looks down from the altar.
There are two additional altars in the hôjô one to the right of the central altar with a small shrine with Shâkyamuni dedicated to the former abbots, the other is a Kannon altar, which belongs to the communal members of the Daisen-in.

III. Rice Cultivation

The room closest to the entrance was designed for the waiting escorts of high-ranking guests. Here they had the opportunity to become better acquainted with the accounts of the seasons of farming, on which the production of the basic food rice was based. This, however, was only possible decades after the inauguration of the Daisen-in; but this topic will be discussed at a later stage.

Rice Cultivation in Ancient Japan

The cultivation of wet rice needs level fields, which due to irrigation are surrounded by low dams. In ancient Japan, water was transported to the higher level fields by a conveyor belt operated by a winch or a treadmill, and also with an Archimedes' screw.
In order to grow the seedlings, a special field had to be be ploughed and fertilised. The seeds were often brought to sprout by placing them in straw containers and watering them in a pond. Thereafter they were spread out in the sun. In May, the seeds were scattered from the banks into the irrigated fields and after about forty days, the plants had reached a height of approximately 30 cm.
Before planting them, the stubble and weeds had to be removed from the dry fields by ploughing or turning the earth over. They were fertilised with compost, ash and mud from ditches and then irrigated.
Experienced people were needed to make the seeds sprout. The planting was generally the task of young women, primarily as a result of the belief that their potential fertility could be passed on to the rice. They mostly moved backwards and in one row while working. The small plants were thrown to them in bundles. In many places the women

teten meist nach rückwärts und in einer Reihe. Die Pflänzchen warf man ihnen in Büscheln zu. Vielerorts wurde beim Pflanzen gesungen und die schwere Arbeit auf den Dämmen mit Musik und Tanz begleitet. Der Grundeigenümer hatte die Pflicht, für Essen und Trinken zu sorgen.

In der darauf folgenden Zeit waren Dämme zu warten, der Wasserspiegel zu kontrollieren und der Boden zu hacken, damit das Unkraut nicht überhand nahm. Gegen Ende Juli drohte die gefürchtete Insektenplage. Vor der Ernte im Oktober oder frühen November ließ man das Wasser auf den Feldern verdunsten. Dann kamen die Schnitter. Falls nötig, trockneten die Garben an Ständern oder Seilen hängend oder in Stapeln.

Zumeist gewann man die Reiskörner, indem man die Ähren durch Kerben streifte, aber auch durch Dreschen mit Dreschflegeln, die man wahrscheinlich aber vor allem für Getreide wie Gerste und Weizen benutzte. Es folgte das Worfeln, das heißt die Trennung von Korn und Spreu durch Hochwerfen mittels flacher Körbe. Was dann blieb, war der ungeschälte braune Reis, der sogenannte Schwarze Reis. Er stellte das Saatgut für das nächste Jahr. Der größte Teil der Ernte aber mußte als Schwarzer Reis abgeliefert werden. Der letzte Arbeitsgang bestand schließlich im Schälen in einer Reismühle, die mit Seilen oder Stangen angetrieben wurde.

Die Darstellung des Reisanbaus

Im rechten Teil des langen Querformats sind die einzelnen Arbeitsgänge der Frühjahrsbestellung geschildert: die Aussaat neben blühenden Bäumen mit einem im Wasser – nicht am Ufer – stehenden Mann, dem ein anderer einen Korb mit Saatgut reicht; das Pflügen mit einem Hausbüffel; das Ziehen der Setzlinge durch zwei Leute mit Hut und der Transport der kleinen Pflanzen in Körben zu vier pflanzenden Männern. Am linken Rand des Bildes treten vier Männer das überdachte Triebwerk eines Förderbandes, dessen Fächer das unten geschöpfte Wasser in das beträchtlich höher gelegene Feld schütten. Eine Frau bringt einen Korb mit Essen, eine andere steht mit einem Kind auf dem Damm, an der Tragestange Krug und Korb, vielleicht ist sie auf dem Rückweg. Weiter hinten bücken sich zwei Feldarbeiter, der eine hält offenbar einen flachen Korb.

would sing while planting, and the heavy labour on the dams was accompanied by music and dance. The landowner was obliged to provide food and drink.

After transplanting the seedlings, the dams needed to be maintained, the water level checked and the earth hoed, to avoid the weeds getting out of hand. Towards the end of July, there was a risk of the feared insect plagues. Before harvesting at the end of October or beginning of November, the water was left to evaporate. Then the cutters arrived. The sheaves were left to dry on racks or hanging on ropes or stacks.

The grains of rice were usually extracted by brushing the ears against notches or by threshing with a flail, which was probably used for grain, such as barley and wheat. This was followed by winnowing, the separation of the chaff and the corn, by throwing it up in flat baskets. What remained was the unhusked brown rice, the so-called black rice. This was used as seed for the coming year. However, the main portion of the harvest had to be delivered as black rice. The last operation was the husking of the rice in a rice mill that was operated by ropes or poles.

Representations of Rice Cultivation

In the right-hand area of the long oblong format, the individual operations of the spring tilling are described. The seeding, next to blossoming trees, a man standing in the water, not on the banks, who passes a basket of seeds to another man. The ploughing with a buffalo, the sprouting of the seedlings by two people wearing hats and the transportation in baskets of the small plants to the four men planting them. On the left edge of the painting, four men are treading the roofed mechanism of the conveyor belt, the water which was scooped up below was then transported onto the far higher lying field. A woman bringing a food hamper, another is standing on the dam with a child, a basket and jug on each end of a carrying pole, perhaps she is on her returning journey. In the background, two field workers are bending down, one of them is holding a flat basket.

The middle part depicts the harvesting. Two cutters are working, two persons are carrying sheaves, four others are thresh-

Im mittleren Bereich wird die Ernte vorgestellt. Zwei Schnitter sind am Werk, zwei Leute tragen Garben, vier Drescher schwingen Dreschflegel im versetzten Takt, unter einem Schutzdach wird geworfelt und von vier Männern das Gerät zum Schälen des Reises in Gang gehalten. In der Nähe sitzen zwei Alte, denen sich ein Kind zugesellt hat.

Rechts des Baumes, der den Einblick in die Gebäude verstellt, werden die vollen Körbe in einem Lagerhaus in Empfang genommen. Eine Frau mit einem kleinem Kind schaut den Trägern zu. Das alles geschieht in einer Ebene vor den fernen Bergen eines Mittelgebirges.

Das Bildthema Reisanbau entstammt der chinesischen Kunst, und dieses ist seine erste Darstellung auf Schiebewänden in Japan. Diese Tatsache gibt der Malerei im Warteraum des Daisen-in eine besondere Stellung.

In der Ausstellung »The Kano School in the Muromachi Periode« des Kyôto National Museums 1996 war ein sechsteiliger Wandschirm zu sehen, der ebenfalls den Reisanbau veranschaulicht, jedoch ohne die Frühjahrsbestellung und die Bewässerung, also konzentriert auf das Ernten. Und dort traf man auf viele der vom Daisen-in vertrauten und als Versatzstücke verwendeten Motive, aber nun unmittelbar vor einem Gebirge.

In beiden Fällen handelt es sich um die Schilderung einer lebenswichtigen Produktionskette nach chinesischen Vorbildern, die die Realität in Einzeldarstellungen aufzählend spiegelt, sie aber dem Bildtypus gemäß natürlich nicht in die wirkliche Dorfsituation einbindet.

Die geschichtliche Wirklichkeit

Etwa fünfundachtzig Prozent der Bevölkerung waren bäuerlich, und der größere Teil der Bauern war arm. Es ist beeindruckend zu lesen, wie die Obrigkeit diese Menschen einschätzte und wie sie mit ihnen umging. Die hier zitierte Verfügung stammt zwar erst aus dem Jahr 1649, doch dürfte sie ein Schlaglicht auch auf die Situation im 16. Jahrhundert werfen. Es heißt dort:

»Die Arbeit auf dem Acker muß mit dem größten Fleiß erledigt werden. Das Pflanzen hat ordentlich zu erfolgen, alles Unkraut ist zu entfernen, und an den Rändern sowohl der trockenen als auch der nassen Felder sind Bohnen oder ähn-

ing with flails in a transposed beat, beneath a protecting roof others are winnowing, four men are keeping an eye on the husking machine. Two old people are sitting close by, a child has joined them.

To the right of the tree that obstructs the view into the building, the full baskets are received at a warehouse. A woman with a small child is watching those carrying the rice. This scene takes place with a distant range of low mountains of a low mountain range in the background.

The theme of rice cultivation has its roots in Chinese art; and this is it's first portrayal on sliding walls in Japan. This aspect gives the paintings in the Waiting Hall a particular meaning.

In the exhibition "The Kano School in the Muromachi Period" of the National Museum of Kyôto in 1996, a six panel screen was exhibited, also illustrating the cultivation of rice, however, without the spring tilling and irrigation, hence concentrating on the harvesting. This is where many well-known background themes of the Daisen-in, could be found, however, this time with a mountainous background.

Both pictures depict a vital production chain in accordance with the Chinese model, where the reality is reflected in individual portrays, types of portrays which in consideration of the type of picture, are obviously not integrated into the setting of the real village.

Historical Background

Approximately eighty-five percent of the population were farmers and the majority of the farmers were poor. It is impressive to read how they were regarded and treated by the authorities. The ordinance quoted below, dates only from the year 1649: Nevertheless it grants insight into the situation during the 16th century.

"Farm work must be done with the greatest diligence. Planting must be neat, all weeds must be removed, and on the borders of both wet and dry fields beans or similar foodstuffs are to be grown, however small the space.

Peasants must rise early and cut grass before cultivating the fields. In the evening they are to make straw rope and straw bags, all such work to be done with great care.

They must not buy tea or sake to drink, nor must their wives.

Das »Silbermeer« und die »Plattform gegenüber dem Mond« im Garten des Ginkaku-ji

The "Silver Sea" and the "Platform opposite to the moon" in the garden of the Ginkaku-ji

liche Nahrungspflanzen zu ziehen. Abends sind Strohseile und Strohtaschen anzufertigen, diese Arbeit ist mit großer Sorgfalt auszuführen.

Sie [die Bauern] sollen weder Tee kaufen noch Sake trinken, auch ihre Frauen nicht. Die Männer müssen um das Gehöft Bambus oder Bäume pflanzen und das herabgefallene Laub als Brennmaterial nutzen, um Geld zu sparen.

Bauern sind Menschen ohne Verstand und Überlegung. Deshalb dürfen sie ihren Frauen und Kindern in der Erntezeit keinen Reis geben, sondern müssen Nahrungsmittel für die Zukunft sparen. Statt Reis sollten sie Hirse, Gemüse und andere einfache Kost essen. Selbst die von Pflanzen abgefallenen Blätter sollten als Nahrungsmittel für den Fall einer Hungersnot aufgehoben werden. Während der schweren Arbeit der Pflanz- und Erntezeit mag das Essen ein wenig besser als gewöhnlich sein.

Der Ehemann muß auf dem Feld arbeiten, die Ehefrau am Webstuhl. Beide haben auch abends zu arbeiten. Wie gut eine Frau auch aussehen mag, wenn sie ihre Pflichten im Haushalt vernachlässigt, indem sie ihre Zeit mit Teetrinken, Herumschauen und Spaziergängen verbringt, ist die Scheidung vorzunehmen.

Bauern dürfen nur Kleidung aus Baumwolle oder Hanf tragen. Sie sollten nicht Tabak rauchen, das schadet der Gesundheit, beansprucht Zeit, kostet Geld und schafft ein Brandrisiko.«[27]

Die Last der von den Bauern zu leistenden Abgaben stieg bis zum 17. Jahrhundert auf fünfundsechzig Prozent und mehr der Ernteerträge und führte bei den häufigen Mißernten zu Katastrophen. Das Elend zwang Bauern zur Verpfändung von Verwandten als Arbeitskräfte, zum Verkauf von Mädchen in Bordelle und, um die Familiengröße zu begrenzen, zur Tötung von Neugeborenen.

Es gab Grundherren, die bei Hungersnöten teilweise oder ganz auf Abgaben verzichteten und sogar, wenn der Vorrat es erlaubte, Reis an hungernde Bauern verteilen ließen. Andere forderten statt des nicht gelieferten Reises Geld, und wenn das nicht da war, mußte es zu hohen Zinsen und mit zukünftigen Ernteerträgen als Sicherheit geliehen werden. Infolgedessen brachen oft Aufstände aus. Meistens wurden die Forderungen der Aufständischen weitgehend erfüllt, ihre Anführer jedoch ausfindig gemacht und grausam getötet.

Angesichts solcher Probleme hatten sich Ligen zur gegensei-

Men must plant bamboo or trees round the farmhouse and must use the fallen leaves for fuel so as to save expense.

Peasants are people without sense or forethought. Therefore they must not give rice to their wives and children at harvest time, but must save food for the future. They should eat millet, vegetables, and other coarse food instead of rice. Even the fallen leaves of plants should be saved as food against famine. . . . During the season of planting and harvesting, when the labour is arduous, the food taken may be a little better than usual.

The husband must work in the fields, the wife must work at the loom. Both must do night work. However good-looking a wife may be, if she neglects her household duties by drinking tea or sightseeing or rambling on the hillsides, she must be divorced.

Peasants must wear only cotton or hemp-no silk. They may not smoke tobacco. It is harmful to health, it takes up time, and costs money. It also creates a risk of fire."[27]

Until the 17th century, the crop yield taxes rose to as much as sixty-five percent and more, which due to frequent crop failures amounted to a catastrophe for the farmers. Destitution forced the farmers to pawn relatives as human labour, to sell girls to brothels and, to limit the size of families, the killing of new-born babies.

There were landowners, who in times of famine, partially or totally relinquished the taxes and if supplies permitted, even distributed rice to starving farmers. Others demanded money for the undelivered rice, and if there was none, it had to be borrowed at very high interest rates and future crop yields as a security. As a result there were frequent revolts. While the demands of the rebels were largely met, once found, the leaders of such revolts were brutally killed.

In view of these problems, leagues called ikki were formed, with the purpose of mutual defence. In 1428, the inhabitants of Kyôto experienced the anger of outraged farmers for the first time. In 1441, the worst of all revolts, aggressions was mainly directed at pawnbrokers and moneylenders. Before the Ônin War in 1467-1477, which destroyed Kyôto, the city experienced rebellions in 1447, 1451, 1457 and 1461. In 1457, the rebels first defeated a troop of mercenaries dispatched by the moneylenders and then a group of eight-hundred samurai summoned by the Shôgunate. The revolts brought the province Yamashiro under the control of rebels

tigen Verteidigung gebildet, Ikki genannt. 1428 erlebten die Einwohner Kyôtos zum ersten Mal die Wut der aufgebrachten Bauern und 1441 den erbittertsten aller Aufstände, er richtete sich vor allem gegen Pfandleiher und Geldverleiher. Vor dem Ônin-Krieg 1467-1477, der Kyôto verwüstete, sah die Stadt weitere Aufstände in den Jahren 1447, 1451, 1457 und 1461. 1457 schlugen die Aufständischen zuerst eine Söldnertruppe der Geldverleiher und dann ein vom Shôgunat geschicktes Aufgebot von achthundert Samurai. Der Aufstand in der Provinz Yamashiro brachte diese von 1485-1493 in die Gewalt der Aufständischen, die monatlich sechsunddreißig Leute wählten, die für die Verwaltung zuständig waren. 1488 verjagten Bauern und Krieger, die zur buddhistischen Schule des Reinen Landes Jôdo Shinshû gehörten, den vom Shôgun eingesetzten Shugo, das heißt den Protektor der Provinz Kaga, und bildeten dort eine autonome Region, die ein Jahrhundert Bestand hatte.

In der Mitte des 16. Jahrhunderts war die zentrale Staatsmacht zerfallen wie noch nie zuvor. Die Kämpfe der Mächtigen gegeneinander zerrissen das Land. Die Bauern waren davon gewöhnlich nur betroffen, wenn ihre Felder zertrampelt oder die Ernte gestohlen wurde. Die Territorialherren brauchten ihre Produkte und auch sie selbst zur Verstärkung der Truppe. Und wenn eine Gruppe von Bauern schlecht behandelt wurde, hatte sie leicht die Möglichkeit, die Seite zu wechseln und für die andere Kriegspartei zu arbeiten.

Kanô Utanosuke

Als sich der Künstler, dem die Darstellung des Reisanbaus im Daisen-in zugeschrieben wird, infolge der Kriegswirren in Kyôto unsicher fühlte, ging er mit seinem Bruder nach Ôtsu, wo beide im Mii-dera, dem Tempel der buddhistischen Tendai-Schule, Unterschlupf fanden und für ihren Lebensunterhalt Fächer bemalten. Er ist unter zwei Namen bekannt geworden: Utanosuke und Yukinobu. Sein Bruder war der etwa siebenunddreißig Jahre ältere Motonobu. Utanosuke war sowohl Schüler seines sehr alt gewordenen Vaters Masanobu, der bis 1530 lebte, als auch Motonobus. Als Abt Kogaku 1548 starb, mag Utanosuke ein Mittdreißiger gewesen sein; der Gründer des Daisen-in könnte also die Voll-

between 1485-1493. Every month they chose thirty-six people, who were responsible for the administration. In 1488, farmers and warriors chased away the disciples of the School of the Pure Land (Jôdo Shinshû) and also the Shôgun appointed Shugo, who was the protector of the province Kaga. They then created an autonomous region, which lasted for one century.

In the middle of the 16th century the disintegration of the central state power reached the highest level. The struggle among the powerful tore the country apart. This affected the farmers usually only, when their lands were trampled on or their crops stolen. The territorial sovereigns needed their products as well as their manpower to strengthen their forces. And, if a group of farmers was ill-treated, they could easily change sides and work for the other war party.

Kanô Utanosuke

Due to the chaos caused by the war the artist, to whom the portrayal of the rice cultivation in the Daisen-in is attributed, felt unsafe in Kyôto and fled with his brother to Ôtsu, where both found shelter in the Mii-dera, a Buddhist temple of the Tendai School: Here, they earned a living by painting fans. The artist became famous by two names: Utanosuke and Yukinobu. His brother was the approximately thirty-seven years older Motonobu. Utanosuke was not only the pupil of his father Masanobu, who lived to a very old age and died in 1530, but also of Motonobu. When the abbot Kogaku died in 1548, Utanosuke was probably in his mid-thirties, which implies the possibility of the founder of the Daisen-in to have seen the completion of the paintings in his hôjo. Utanosuke died in 1575.

endung der Malereien in seinem Hôjô noch gesehen haben. Utanosuke lebte bis 1575.

IV. Blumen und Vögel der Vier Jahreszeiten

Zur Wichtigkeit der Vier Jahreszeiten

Raum IV war, es wurde bereits gesagt, für den Empfang von Gästen bestimmt, und man hat vielleicht das Thema »Blumen und Vögel der Vier Jahreszeiten« als für einen Repräsentationsraum besonders geeignet empfunden, doch ist es auch geistlich begründet. »Wenn die Natur der Leib des Buddha ist«, schreibt Heinrich Dumoulin, »so ist der Buddha-Leib beständig im Werden«.[28] Die Gleichsetzung der Natur mit dem Leib des Buddha läßt innehalten. Sie besagt, daß im zyklischen Wandel der Natur eine religiöse Dimension erlebt wird. Wenn man das weiß, verwundert es nicht, daß die Vier Jahreszeiten im Hôjô des Daisen-in eine bedeutende Rolle spielen.

Jedem Eckraum wird eine Jahreszeit zugeordnet

Jeder der vier Eckräume vergegenwärtigt symbolisch eine Jahreszeit (Plan S. 21). Auf der Nordseite beginnt das Studierzimmer mit dem Winter, gefolgt von dem Raum der Zen-Begegnung mit dem Frühling. Damit entsteht eine dem Uhrzeiger entgegenlaufende Bewegung, die der Empfangsraum mit dem Sommer fortsetzt und die der Warteraum als Raum des Herbstes aufnimmt. Das ist der große Kreis. Außer ihm gibt es in jedem der drei südlichen Räume einen wandbezogenen, gegenläufigen Jahreszyklus.

Die Jahreszeiten im Raum für Meditation und Sûtren-Rezitation

Hier sind Winter und Frühling so mit der Nordseite verbunden, daß vom Winter links über den Frühling rechts ein Kreis in Richtung des Uhrzeigers ausgeht. Die Sommerwand schließt sich an, und weil die Außenseite nicht mitzählt, liegt die Herbstwand der des Sommers gegenüber.

IV. Flowers and Birds of the Four Seasons

The Importance of the Four Seasons

Room IV was, as already mentioned, designed to receive guests. Perhaps it was felt that "Flowers and Birds of the Four Seasons" were a particularly suitable setting for a room of representation, but it also has a spiritual background. Heinrich Dumoulin wrote that if the body of Buddha is the nature, then the Body is constantly in becoming.[28] The equivalent of nature and the body of Buddha makes us pause. It implies that a religious dimension is experienced in the cyclic transition of Buddha nature. With knowledge of this aspect, it is not surprising that the four seasons play an important role in the hôjo of the Daisen-in.

Allocation of a Season to every Corner

Each corner symbolically represents a season (plan p. 21). The Reading Room in the north begins with winter, followed by spring in the Zen Study Room. Consequently an anticlockwise movement develops, continued by the season summer in the Reception Room, and followed by autumn in the Waiting Room. That is the large circle. In addition, there is a counter-rotating cycle in each of the three southern rooms related to the walls.

The Seasons in the Room for Meditation and Sûtra Recitals

Here, winter and spring are linked with the northern face, by means of a circle, that moves clockwise, from winter to the left to spring on the right hand side. The wall of summer follows, and because the outer wall does not count, the autumn wall lies directly opposite that of summer.

Die Darstellung des Reisanbaus und der Jahreszeitenbezug der Wände des Warteraums

Wie stets ist auch im Warteraum die Nordwand die Winterseite. Man kann hier nachvollziehen, wie sich der Maler des Reisanbaus darauf eingestellt hat, und damit löst sich die Ungereimtheit, die man bei der Betrachtung in nur einer Ebene vor sich hat: Die Reihenfolge Frühjahrsbestellung – Winterphase, angezeigt von noch nicht gepflügten Feldern oberhalb des Tores – Ernte im Herbst – sommerliche Ackerpflege überzeugt auch in der umgekehrten Abfolge nicht. Begreift man die Malerei jedoch als auf die jahreszeitliche Zuordnung der Wände bezogen, wird die Anordnung verständlich: Von der winterlichen Wachstumspause an der Nordwand geht ein Jahreszeitenkreis im Uhrzeigersinn aus, die Frühjahrstätigkeiten schließen sich an dieser Wand an und verweisen über das Intervall der Außenseiten hinweg auf die Sommerperiode an der westlichen Längswand, die mit der Herbsternte wieder zum Winter überleitet.

Im Empfangsraum deuten Vögel, Pflanzen und ein fernes Gebirge die Jahreszeiten an

Im Empfangsraum gilt natürlich ebenfalls die Regel, daß die Nordwand die Winterseite ist und die Ostwand die Herbstseite. In der zugehörigen Malerei deuten Vögel, Pflanzen und ein fernes Gebirge die Jahreszeiten an, aber mit deren Reihenfolge entsteht ein Problem.

Rose Hempel hat darauf hingewiesen, daß in der um 1120 entstandenen Bildfassung des Genji monogatari »im Innenraum der Bergvilla von Uji erstaunlicherweise ein mannshohes Bild von blühenden Herbstkräutern« zu sehen ist.[29] Das Jahreszeitenthema hat also im frühen 16. Jahrhundert in Japan einen älteren historischen Hintergrund. Motonobu präsentiert sich nun insofern als modern, als er wie wenig früher Sesshû chinesische Motive integriert. Sesshû war 1467/68 nach China gereist, wo ihn zeitgenössische Maler anregten und auch das Faltschirm-Paar »Blumen und Vögel der Vier Jahreszeiten« beeinflußten: »Vögel und Pflanzen stehen hier, Schulbeispiele chinesischer Glückwunsch-Symbolik, in einer eindrucksvollen, imaginären Naturwelt.«[30]

Motonobu beginnt ganz rechts mit dem Frühling: Vielleicht

Portrayal of Rice Cultivation and the seasonal Reference on the Walls of the Waiting Room

As always, the north face represents winter, also in the Waiting Room. It is possible to comprehend how the painter adjusted to this circumstance. This explains the inconsistency when looking at only one level: The sequence of tilling the fields in spring, winter showing unploughed fields and the arched protecting roof, which had not yet been removed, under which stacks of straw were being stored. Harvest in autumn and the summery work in the fields is not convincing even in the opposite order. However by regarding the painting as a seasonal assignment of the wall, the arrangement becomes comprehensible: From the pause of growth in winter on the north wall, a seasonal clockwise circle arises, continuing with the spring occupations, which by skipping the intervals created by the outside walls, then refer to summer on the western longitudinal wall, that then leads to the autumnal harvest, which again is linked to winter.

In the Reception Room birds, plants and distant mountains hint at the Seasons

The rule of winter being represented on the northern wall and autumn on the eastern wall can naturally also be applied to the Reception Room. In the paintings, birds, plants and distant mountains indicate the seasons, but a problem arises with their sequence.

Rose Hempel pointed out that in a version of the Genji monogatari, which originated in 1120, "strange enough, a six foot high painting of autumn herbs was visible in the interior of the mountain villa of Uji".[29] Therefore, the seasonal theme in the early 16th century in Japan has an older historical background. Motonobu presents himself in so far as being modern, by integrating Chinese motifs as Sesshû had done a little earlier. Sesshû was inspired by contemporary Chinese painters on his trip to China 1467/68, which subsequently influenced his fan pair "Flowers and Birds of the Four Seasons". "Birds and Flowers are classic examples of Chinese symbols of blessings in an impressive imaginary nature world."[30]

ist es ein blühender Wildkirschenbaum, auf dem oben der in Japan fremde Rotschnabelkitta in der Nähe eines Frühlingspapageichens (?) sitzt. Nicht weit entfernt wendet sich eine tauchende Gluckente gerade von den beiden Artgenossen ab, die auf weiße und rote Pfingstrosen zuschwimmen und sich damit der Sommerphase nähern, während in luftiger Höhe zwei Kohlmeisen im Balzflug zu sehen sind.
Es folgen auf scharfkantigem Gestein attraktive Braunbauch-Tragopane, die als Wintergäste zwischen November und April auch in Japan vorkommen.
Weiter links bildet der Wasserfall hinter dem Kiefernstamm das gewichtige sommerliche Zentrum. Elstern wie die drei, die so eifrig beschäftigt sind, gab es zu Motonobus Zeit noch nicht in Japan, sie gelangten nicht vor 1598 nach Kyûshû und verbreiteten sich erst in jüngster Zeit. Unter ihnen lugt ein Weißrückenspecht zur Seite, und neben ihnen hat sich auf einem dünnen Ast ein Singvogel niedergelassen, vielleicht ein Birkenzeisig oder eine Ammer. Vor den lebhaften Wellen, die das herabstürzende Wasser verursacht, blüht eine Taglilie.
Je weiter der Blick nach links wandert, desto mehr nähert er sich der kalten Jahreszeit, deren Höhepunkt von den fernen Bergen veranschaulicht wird. Doch der fliegende Feldsperling und das nicht in Japan beheimatete Halsbandsittichpärchen lassen den nahenden Winter noch nicht spüren, wohl aber die blühende Herbstaster vorne bei dem felsigen Gestein mit der Bachstelze im Winterkleid. Der Vogel, der sich oben an dem stengeldünnen Ästchen der Herbstaster festhält, könnte ein Nonnenschmätzer sein; Nonnenschmätzer kommen auf ihrem Frühjahrs- oder Herbstzug als seltene Gäste ins Land. Die nach Mittelchina gehörenden Goldfasane bilden schließlich den farbenprächtigen Abschluß der Komposition.

Der Sommer zwischen Frühling und Winter

Die Anordnung der Jahreszeiten wirft hier in Raum IV im Südwesten des Hôjô also die Frage auf: Warum gerade diese gewiß nicht zufällige Reihenfolge? Der Winter erscheint in Gestalt des wohl verschneiten Gebirges wieder an der Nordwand. Zu seiner Linken wird der Herbstanfang angedeutet und jenseits der Raumecke geht es nicht mit dem Frühling weiter, sondern mit den Sommermotiven um den

Im Garten des Ginkaku-ji In the Garden of the Ginkaku ji

Motonobu begins with spring to the utmost right: Perhaps it is a blossoming wild cherry tree on top of which a Red-billed Magpie, which is not indigenous to Japan, is perched close to a Vernal Hanging Parrot. Nearby, a diving duck is turning away from two others of the same species, who are approaching summer on white and red peonies, while up in the sky two Great Tits can be seen in courtship. On the sharp edged rocks next to the scene, attractive Cabots Tragopan can be seen. These birds spend the winter months between November and April in Japan.
Further to the left, the waterfall behind the trunk of the pine tree forms the centre of the summer. Magpies, such as these assiduous three, did not exist in Japan during Motonobu's lifetime. They did not arrive in Kyûshû until 1598 and only spread to other regions in recent times. Below them, a White-backed Woodpecker has turned his head to the side. On a twig next to them a songbird has alighted, perhaps a Siskin or a Bunting. A flowering day lily can be seen in front of the lively waves created by the tumbling of the water.
The further the eye roams to the left, the closer it gets to the cold seasons, the peak of which is represented by the distant mountains. The flying Tree Sparrow and the Rose-ringed

Wasserfall. Die Frühlingsmotive sind am Südende der Längswand zu sehen. Der Sommer wird also zwischen Winter und Frühling gleichsam isoliert. Jedenfalls sieht das bei der Betrachtung dieser Wandmalerei in einer Ebene so aus. Doch entsteht auch, wenn man sie raumbezogen sieht, kein sich nach rechts rundender Jahreszeitenzyklus, und man mag sich fragen, ob der Sommer, dessen Darstellung sehr dominant ist, nicht als Hauptthema dieses Raumes herausgestellt werden sollte.

Die Komposition

Im Vergleich mit der landschaftlichen Szenerie der Zen-Patriarchen waren zwei große Felder hinzugekommen, die gesamte Breite der Malfläche umfaßte nun mehr als neuneinhalb Meter bei einer Höhe von rund hundertfünfundsiebzig Zentimetern. Der Künstler erfand einen spannungsreichen, räumlich auf den Vordergrund ausgerichteten Aufbau gemäß der Grundformel der beiden bereits besprochenen Malereien: rechts und links abschließende Motive und Konzentration auf das Zentrum. Ein wesentlicher Unterschied bestand darin, daß keine Plattformen für Personenauftritte vorzusehen waren. Es ging nur um Fels, Gewässer, Wasserfall, einen Kiefernstamm, Vögel, Blumen und Pflanzen. Aber: Hier war etwas mehr Farbe erlaubt als in den anderen Räumen.
Am rechten Rand sehen wir über scharfkantigem Gestein Äste und Zweige der blühenden Wildkirsche, in der linken Bildecke einen schmalen Uferstreifen aus gratigem Fels und weich gerundetem Boden, und von dort gleitet der Blick zu dem Gebirge, dessen Hänge unerwartet im Nebel auftauchen. Das Zentrum ist bewundernswert in seiner einfachen, das heißt leicht erfaßbaren Vielfalt. Vor dem in einer Felsnische breit herabstürzenden Wasser windet sich der kräftige, borkige, ganz vorne wurzelnde Kiefernstamm nach links, während der teilweise von Nebel verschleierte Gebirgsklotz in zwei Ebenen nach rechts ansteigt.
Zu dem Ensemble gehören als die Lebendigkeit und Einheit wesentlich mitkonstituiernde Elemente das nach rechts versetzte Stückchen Vordergrund mit Tragopan-Paar und Blumen, aus dem der Baum emporwächst, und die dachartig gebreiteten Äste der Kiefer mit ihren schmückenden Nadelsternen.

Parakeet, which is not indigenous, do not suggest the on coming winter. But the flowering Michaelmas daisy by the rocks in front and the White Wagtail in its winter coat certainly do. It is possible that the bird that is clinging to the thin little stalk of the daisy is a Pied Wheatear. Pied Wheatear can occasionally come as rare guests on their spring or autumn migration. The Golden Pheasant, indigenous to Central China, form the vividly coloured conclusion to the composition.

Summer between Spring and Winter

The arrangement of the seasons in the south-west of the hôjô raises the question as to the reason for this undoubtedly deliberate sequence. Winter is again depicted on the north wall with snowy mountains. To the left the beginning of autumn is insinuated, on the other side of the corner, it does not continue with spring but with the summer theme of the waterfall. The themes of spring can be observed on the southern end of the longitudinal wall. Therefore, summer is equally isolated between winter and spring. At least that is the impression that arises when looking at this mural painting at one level. But even when looking at it in context of the whole room, a true cycle of the seasons turning tothe right cannot be ascertained. Hence, one may wonder whether the very dominant depiction of summer should not be regarded as being the principle theme of the room.

The Composition

In comparison to the landscape scenes of the Zen patriarchs, two large areas were added, the entire width of the painted area now covered more than nine and a half metres, with a height of approx. a hundred-and-seventy-five centimetres. The artist developed a vigorous spatial construction aligned to the foreground, in accordance with the basic formula of the previously discussed paintings: On the right and left enclosing motifs, focussing on the centre. A significant difference was the fact that no platforms existed for the appearance of people. The essence lay in the rock, water, waterfall, the trunk of a pine tree, birds, flowers and plants. However, more vivid colours were allowed here than in the other rooms.

Zwar lebt in allem die Tradition: in der außerordentlichen Nahsicht; in der Verwendung des Dunstes, der die Schwere nimmt und den Zwang zur Raumfestlegung aufhebt; in der Borkenzeichnung der Kiefer und dem S-Schwung ihres Stammes; in der Bildung des Gesteins aus meist unplastischen, schroffen Schichten; in der Aufteilung des fallenden Wassers in Streifen, deren seitliche oben mit einem Bogen beginnen; und schließlich in den auffällig gerundeten Wellen mit den durchformulierten Spritzern. Aber in der Art und Weise, wie Motonobu damit umgeht, wie er zum Beispiel aus dem in extremer Nahsicht erscheinenden Stamm das zentrale, die Seiten verklammernde und damit das Bild im ganzen konstituierende Element macht; wie er die Komposition im großen souverän anlegt und das Detail präzise durchgestaltet: darin zeigen sich Eigenständigkeit und Meisterschaft des Mittdreißigers und dazu die Grundrichtung, die ihn und seine Schule kennzeichnet, die entschiedene Tendenz zum Dekorativen. Bei den Vögeln ist sie besonders leicht in der Schönheit, in dem Wohllaut der fixierenden Linien zu erfassen.

V. Acht Ansichten von Hsiao und Hsiang

Die Themen

Die Provinz Hunan in Zentralchina hat ihren Namen von dem See Tungting Hu, denn Hunan bedeutet »südlich des Sees«. Zu den Flüssen, die in den Tungting Hu münden, gehört der Hsiang; er entspringt nicht allzu weit entfernt von der pittoresken Landschaft bei Kueilin, fließt dann in vielen Windungen nach Norden und nimmt in der Gegend von Liling, noch eine beträchtliche Strecke vom Tungting Hu entfernt, den Hsiao auf. Der Reiz der Landschaft um diesen Zusammenfluß wurde wohl bereits während der Herrschaft der T'ang-Dynastie (618-907) erkannt. Die Künstler schufen Stimmungslandschaften, nicht topographische Wiedergaben, und vielleicht war Sung-Ti (um 1015-1080) der erste, der die klassische Folge der Acht Ansichten malte:

> Einfallende Wildgänse an flachen Sandbänken
> Heimkehrende Segel an fernen Ufern
> Bergdorf im lichten Nebel
> Abendlicher Schnee über dem Fluß

On the right border above, sharp edged stone, branches and twigs of the blossoming wild cherry tree are visible. In the left corner of the painting, a narrow bank of a rock ridge and rounded earth. From here, the eye roams to the mountains of which the slopes appear unexpectedly out of the fog.
The centre is admirable for its simple, i. e. easily ascertainable, variety. In front of the crevice, from which the water falls, a mighty pine tree trunk covered in bark, with its roots right at the front, winds itself to the left, while the mountainous mass veiled in fog rises up to the right in two layers. This ensemble comprises elements that constitute liveliness and unity, such as the piece of foreground with the Cabots Tragopan and the flowers out of which the tree grows and the roof-like branches of the pine tree spread out, decoratively with their star-shaped clusters of needles.
Tradition is omnipresent: The extraordinary close-up, the use of mist, which eliminates the heaviness and the compulsion to determine space, the markings in the bark on the pine trees as well as their s-shaped trunks, in the composition of the stones made of largely unmalleable precipitous layers; and lastly the presentation of the tumbling water as stripes, beginning with a curve, which turn into conspicuously rounded waves with perfectly modelled splashes. But it is Motonobu's approach to detail, such as how he makes the close-up of the tree-trunk the central theme of the painting by embracing its sides; it is the supreme fashion with which he presents the composition as a whole and depicts every detail with utmost precision that reflect the originality and mastery of the artist in his mid-thirties, as well as the basic principles of his school, are namely represented: the staunch tendency toward decorative elements. This characteristic is particularly evident in the beauty of the birds, in the euphony of the defining lines.

V. Eight views of Hsiao and Hsiang

The Themes

The name of the province Hunan in Central China is derived from the name of the lake Tungting hu; Hunan means "south of the lake". One of the rivers flowing into the Tungting Hu is called Hsiang. Its source lies relatively close to the pic-

Der Garten des Ryôan-ji Garden of the Ryôan-ji

Herbstmond über dem Tungting-See
Nächtlicher Regen am Hsiao und Hsiang
Abendglocken eines fernen Tempels
und
glühender Sonnenuntergang überm Fischerdorf[31]

Die damit begründete Tradition wurde später in Japan weitergeführt, nachdem im 14. Jahrhundet Darstellungen der Acht Ansichten von Mu-chi und Yü-chien aus China herübergekommen waren.

Mu-chi

Mu-chi ist an dieser Stelle aktuell, weil sich Sôami, der den Auftrag erhielt, die Schiebewände im zentralen Raum des Hôjô zu gestalten, auf dessen Stil bezog.
Über das Leben Mu-chis ist wenig bekannt. Das einzige sichere Datum liefert eine Signatur von 1269. In seiner Heimat wurde er bei weitem nicht so hoch geschatzt wie in Japan. Die Sammlung des Shôguns Ashikaga Yoshimitsu enthielt zwei Mu-chi zugeschriebene Handrollen, eine größere von 33 cm Höhe, die Yoshimitsu zerschneiden ließ, um die Ansichten einzeln zu haben, und eine kleinere von 29 cm Höhe. Die größere, von der noch fünf Teile vorhanden sind – von der kleineren drei – nannte Werner Speiser »ein unvergleichliches Meisterwerk«.

Sôami

Sôami (gestorben 1525) entstammte einer Künstlerfamilie. Der Großvater Nôami (1397-1471) war Tee-Meister, Dichter, Meister der Blumenkunst, Maler und als Kunstkenner Berater des Shôguns. Auch war er mit der Ashikaga-Sammlung befaßt, desgleichen sein Sohn, der Maler Geiami (1431-1485), wie auch wiederum dessen Sohn, eben Sôami, der dem Amida-Buddhismus anhing und der den offiziellen Titel Karamono bugyô trug, was soviel bedeutet wie Kurator für chinesische Kunstgegenstände in der Sammlung des Shôguns. Als Maler benutzte er zwei verschiedene Stile. Die Acht Ansichten von Hsiao und Hsiang für den mittleren Raum des Hôjô gehen auf den weichen, mit Graustufen und ohne kon-

turesque landscape of Kueilin, from where it meanders northwards. In the region of Liling, which is quite a distance away from the Tungting hu, it absorbs the waters of the tributary Hsiao. The charming landscape around this confluence was already praised during the T'ang Dynasty (618-907). The artists created poetic moods, not topographical depictions; and perhaps it was Sung Ti (around 1015-1080) who painted the classic sequence of the Eight Views:

Wild Geese Descending to Sandbar
Returning Sails off Distant Shore
Mountain Market, Clear with Rising Mist
River and Sky in Evening Snow
Autumn Moon over Lake Tungting
Night Rain on Hsiao and Hsiang
Evening Bell from Mist-shrouded Temple
Fishing Village in Evening Glow[31]

This tradition, which was brought to Japan in the 14th century by the Eight Views of Mu-chi and Yü-chien from China, was continued here.

Mu-chi

Mu-chi is of relevance at this point, because Soâmi, who was appointed to paint the screens in the central room of the hôjo, referred to this style.
Little is known about the life of Mu-chi, the only secure date is supplied by a signature of the year 1269. In China he was by far not as highly esteemed as in Japan. The collection of the Shôgun Ashikaga Yoshimitsu contained two hand scrolls ascribed to Mu-chi; the larger one is 33 cm high, and Yoshimitsu had cut it in pieces, to enjoy the views separately, the smaller one measures 29cm in height. The surviving five parts of the larger one – of the smaller one there are three – were described by Werner Speiser as "a superb masterwork."

turierende Linien arbeitenden Stil Mu-chis zurück. Von der einst zwanzigteiligen Gesamtdarstellung existieren noch sechzehn Teile; auf Hängerollen montiert, werden sie als Dauerleihgaben des Daisen-in im Kyôto National Museum aufbewahrt. Ihre Weichheit und atmosphärische Schwingung stehen zu den hartlinigen Kanô-Malereien der Nachbarräume in einem beträchtlichen Kontrast. Acht der Segmente waren 1996 während der Kanô-Ausstellung in der ständigen Schausammlung des Kyôto National Museums zu sehen und dokumentierten den außerordentlichen Rang von Künstler und Werk, wenngleich sie natürlich keinen Gesamteindruck vermitteln konnten.

»Die eigentümliche Naturbetrachtung der Zen-Jünger«

Es ist dieses der Raum, in dem man sich vor dem Altar mit dem Bildnis des Gründers Kogaku befindet, es ist der geistliche Raum des Hôjô. Wie paßt dazu die sich im Dunst der Tiefe verlierende Landschaftsweite? Heinrich Dumoulin hat in seinem großen Werk über die Geschichte des Zen-Buddhismus Sätze formuliert, die man im Gedächtnis haben sollte, wenn man solche Kunst sieht. Er sagt:

»Die eigentümliche Naturbetrachtung der japanischen Zen-Jünger zieht ihre Nahrung aus der kosmotheistischen Weltanschauung, wie sie die Avatamsaka-Sûtren großartig darstellen. Die religiös verwurzelte Überzeugung von der Einheit des Alls läßt in der Verschmelzung mit der Natur nach einer tiefsten Erfüllung des eigenen Wesens suchen ...

Alle Lebewesen und jedes kleinste Ding sind bedeutungsvoll, da jedes Kleinste das ganze Geheimnis birgt. Die Ehrfurcht vor der Heiligkeit des Kosmos zittert in aller vom Zen geprägten Kunst ...«[32]

Die »eigentümliche Naturbetrachtung« mag in Sôamis Acht Ansichten im Verfließen der Formen, im Verschwimmen der Gründe und im Entgleiten der Landschaft in nicht mehr meßbare Tiefe eine künstlerische Entsprechung gefunden und den Betrachtenden innerlich weit und offen gemacht haben.

Sôami

Sôami (†1525) originated from a family of artists. His grand father Nôami was a tea master, poet, master of flower-art, painter and as art connoisseur an advisor of the Shôgun. He also took care of the Ashikaga collection, like his son, the painter Geiami (1431-1485) as well as his grandson Sôami, who was a follower of Amida Buddhism. He bore the official title Karamono bugyô, which meant as much as guardian of the Chinese art objects in the collection of the Shôgun. As a painter he applied two different styles. The "Eight Views of Hsiao and Hsiang" in the middle room of the hôjo are based on the soft style of Mu-chi, expressed in grey tones without any contouring lines. From the entire twenty-piece depiction, sixteen have survived; mounted on hanging scrolls they are kept as permanent loans of the Daisen-in at the National Museum of Kyôto. The softness and the atmospheric strokes stand in sharp contrast to the hard linear style of the Kanô paintings in the neighbouring rooms. During the Kanô exhibition in 1996, eight segments could be seen in the permanent exhibition of the Kyôto National Museum; this fact reveals the high rank of the artist and his work of art, although it cannot impart an overall impression.

"Curious Contemplation of Nature of Zen Disciples"

This is the room, in which the altar with the portrait of the founder Kogaku stands, the spiritual room of the hôjo. How can the expanse of landscape, disappearing into the depth of mist, suit this room? When looking at this type of art, it is useful to recall the following sentences written by Heinrich Dumoulin in his book about the history of Zen Buddhism:

"The curious contemplation of nature of Zen disciples draws its essence from the cosmotheistic Philosophy of Life, as aptly described in the Avatamsaka Sûtras. The conviction of the unity of the cosmos deeply rooted in this religion leads to searching for complete self-fulfillment through fusion with nature.

Das Herz-Sûtra

In dem derart bildlich geweiteten geistlichen Zentrum des Daisen-in ertönte durch die Jahrhunderte die Stimme des rezitierenden Priesters. Es dient deshalb der Vervollständigung der Imagination der ursprünglichen Atmosphäre, wenn man einmal versucht, sich anhand der japanischen Fassung des Herz-Sûtras den monotonen Klang vorzustellen.

All living beings and every smallest thing have a profound meaning, because the smallest of objects harbours a secret. The reverence of the holy cosmos vibrates in all Zen art."[32] The "Curious Contemplations of Nature" in Sôami's Eight Views may have found an artistic equivalent and opened up the beholder by means of the blurring of shapes and foundations, and the fading of the landscapes into immeasurable depth.

The Heart Sûtra

In the spiritual centre of the Daisen-in, which has been expressed extensively in metaphorical form, the voice of the reciting priest has resounded for centuries. The Japanese version of the Heart Sûtra quoted below, is helpful in fully comprehending the original atmosphere, when imagining the monotonous sound.

Abt Ozeki Abbot Ozeki

Makahannya Haramita Shingyô

Kan-ji-zai Bo-satsu,
Gyô-jin han-nya ha-ra-mi-ta ji,
Shô-ken go-on kai-kû, do is-sai ku-yaku,
Sha-ri-shi, shiki fu-i kû, kû fu-i shiki,
Shiki soku-ze kû kû soku-ze shiki,
Ju-sô-gyô-shiki, yaku-bu nyo-ze,
Sha-ri-shi, ze sho-hô kû-sô,
Fu-shô fu-metsu,
Fu-ku fu-jô, fu-zô fu-gen,
Ze-ko kû-chû,
Mu-shiki mu-ju-sô-gyô-shiki,
Mu-gen-ni-bi-zes-shin-i,
Mu-shiki-shô-kô-mi-soku-hô,
Mu-gen-kai, nai-shi mu-i-shiki-kai,
Mu-mu myô, yaku mu-mu-myô jin,
Nai-shi mu-rô-shi, yaku mu-rô-shi jin,
Mu-ku-shu-metsu-dô, mu-chi yaku mu-toku,
I mu-sho-toku ko,
Bo-dai-sat-ta, e han-nya ha-ra-mi-ta ko,
Shin mu-kei-ge, mu-kei-ge ko, mu-u-ku-fu,
On-ri is-sai ten-dô mu-sô, ku-gyô ne-han,
San-ze sho-butsu, e han-nya ha-ra-mi-ta ko,
Toku a-noku-ta-ra san-myaku san-bo-dai,
Ko chi han-nya ha-ra-mi-ta,
Ze dai-jin-shu, ze dai-myô-shu,
Ze mu-jô-shu, ze mu-tô-tô-shu,
Nô-jo is-sai ku, shin-jitsu fu-ko,
Ko setsu han-nya ha-ra-mi-ta-shu,
Soku setsu shu-watsu,
Gya-tei gya-tei, ha-ra gya-tei,
Hara-sô gya-tei, bo-ji sowa-ka,
Han-nya shin-gyô.[33]

Makahannya Haramita Shingyô

Kan-ji-zai Bo-satsu,
Gyô-jin han-nya ha-ra-mi-ta ji,
Shô-ken go-on kai-kû, do is-sai ku-yaku,
Sha-ri-shi, shiki fu-i kû, kû fu-i shiki,
Shiki soku-ze kû kû soku-ze shiki,
Ju-sô-gyô-shiki, yaku-bu nyo-ze,
Sha-ri-shi, ze sho-hô kû-sô,
Fu-shô fu-metsu,
Fu-ku fu-jô, fu-zô fu-gen,
Ze-ko kû-chû,
Mu-shiki mu-ju-sô-gyô-shiki,
Mu-gen-ni-bi-zes-shin-i,
Mu-shiki-shô-kô-mi-soku-hô,
Mu-gen-kai, nai-shi mu-i-shiki-kai,
Mu-mu myô, yaku mu-mu-myô jin,
Nai-shi mu-rô-shi, yaku mu-rô-shi jin,
Mu-ku-shu-metsu-dô, mu-chi yaku mu-toku,
I mu sho toku ko,
Bo-dai-sat-ta, e han-nya ha-ra-mi-ta ko,
Shin mu-kei-ge, mu-kei-ge ko, mu-u-ku-fu,
On-ri is-sai ten-dô mu-sô, ku-gyô ne-han,
San-ze sho-butsu, e han-nya ha-ra-mi-ta ko,
Toku a-noku-ta-ra san-myaku san-bo-dai,
Ko chi han-nya ha-ra-mi-ta,
Ze dai-jin-shu, ze dai-myô-shu,
Ze mu-jô-shu, ze mu-tô-tô-shu,
Nô-jo is-sai ku, shin-jitsu fu-ko,
Ko setsu han-nya ha-ra-mi-ta-shu,
Soku setsu shu-watsu,
Gya-tei gya-tei, ha-ra gya-tei,
Hara-sô gya-tei, bo-ji sowa-ka,
Han-nya shin-gyô.[33]

Alte Kiefer im Daitoku-ji Old Pinetree in the Daitoku-ji

Das Gesamtkunstwerk

Es gibt im Zen den Ausdruck Daikômyô-Zô, »Schatzhaus des großen strahlenden Lichts«, er bezeichnet die Buddha-Natur oder Energie-Essenz, die allem, was ist, innewohnt. Als der Zen-Meister Hoshin (9. Jahrhundert) im Sterben lag, diktierte er diese Worte als sein Abschiedsgedicht: »Ich komme aus dem Glanz und gehe in den Glanz zurück. Was ist das?«[34] Die wahre Substanz, im Buddhismus »Leere« genannt, ist unerforschlich und unbegreiflich, aber erfahrbar, und dieser Erfahrung, dem Erwachen zum eigenen wahren Selbst, gilt die gesammelte Kraft und Hingabe der ganzen Existenz im Zen.

Alles, was das Gesamtkunstwerk Daisen-in im Kern ausmachte, kristallisierte sich um dieses Anliegen, diese ersehnte Erfahrung. Das Innere und das Äußere, der Hôjô, die Malereien und der Garten wirkten dabei ineinander. Hatte man das Zentrum durch das Geheimnis-Tor erreicht und befand sich im »Herzen des Himmels«, war man von der kosmotheistischen Landschaft, in der Endliches und Unendliches ineinander schwingen, umgeben, erinnerte sich vielleicht an die Patriarchen als Vorbilder und wußte sich dem »Ozean der Leerheit« im Südgarten nahe. Wäre eine größere Zentrierung der sinnlichen Gestaltung als Rahmen der Konzentration auf das Wesentliche vorstellbar? Die Stimme des rezitierenden Priesters gehört eigentlich auch noch »ins Bild«, ebenso die Stille um den in Versunkenheit Sitzenden.

Die Lehre trat kaum in Erscheinung, denn die begrifflich unfaßbare essentielle Wahrheit ist, so sehen es die Zen-Leute, nicht durch intellektuelle Studien der buddhistischen Schriften zu erfahren, sondern alleine auf dem Weg der Vertiefung, den der Meister begleitet.

Die um die Themen »langes Leben« und »Unsterblichkeit« kreisenden taoistischen Motive, die man seit Jahrhunderten tradierte, wurden wie die Vergegenwärtigung der Natur und des Reisanbaus in das Umfeld integriert. Damit entstand um die geistliche Mitte ein erlesener kultureller Rahmen für die Begegnung mit Japans führender Schicht, aus der der Gründer selber stammte.

Verwicklungen des Daitoku-ji in die mitunter bedrohlichen Ereignisse der Zeitgeschichte blieben nicht aus. Davon wird noch zu berichten sein. Aber was sich auch immer ereignete, für den Priester, der im Daisen-in in Kogakus Nachfolge stand, dürfte die Willensbekundung verbindlich gewesen sein, die der Rezitation des Herz-Sûtras folgt und so lautet:

The Complete Work of Art

In Zen there is the expression daikômyô-zô, which means "Treasure house of the great beaming light"; it refers to Buddha Nature or the essence of energy, which is inherent in everything existent. On his death bed the Zen master Hoshin (9th century) had the following words written down as his farewell poem:" I originate from the brilliance, and I return to the brilliance. What is that?"[34] The true substance in Buddhism known as emptiness is inexplorable and incomprehensible, but receptible; the entire existence of Zen is dedicated to this experience, namely the awakening and discovery of one's own true self.

The nucleus of the complete work of art of the Daisen-in crystallises out of this concern, namely this experience the monks yearn for. The inside and outside of the hôjô, the paintings and the garden merge into one another. Having reached the centre, the "Heart of Heaven" by passing through the Secret Gate one was surrounded by a cosmotheistic landscape, in which finite and infinite aspects were intertwined; Perhaps one reminisced about the Patriarchs as models and felt close to the "Ocean of Emptiness" in the nearby South Garden. Is a greater centralisation of the senses a setting for focusing on the essential feasible? The voice of the reciting priest is actually also part of the "scene" just as the aura of silence around the person sitting in contemplation.

The teachings were barely manifested, for according to the Zen Buddhists the conceptually incomprehensible essential truth cannot be attained by studying Buddhist scripts, but solely on the Path of Immersion, accompanied by the master.

The Taoist themes of "longevity" and "immortality", handed down for centuries, were integrated into the surroundings just as the recollection of nature and rice cultivation.

Thus a sophisticated cultural framework was created around the spiritual centre for the meetings with members of Japan's leading class of which the founder himself originated.

The Daitoku-ji was inevitably involved in the dangerous events of history; this will be commented at a later stage. But irrespective of these events, the priests in succession to the founder Kogaku, perceived the manifestation of intention expressed in the Heart Sûtra as a commitment:

»Obwohl die Kräfte des Leibes und der Seele unzählbar sind, will ich auf meinem Weg all diese Kräfte einen.
Obwohl meine Illusionen und Begierden unerschöpflich sind, will ich sie alle mir selbst in den Dienst geben.
Obwohl die höchste Lehre unermeßlich ist, will ich sie ganz verwirklichen.
Obwohl der höchste Weg undurchschreitbar scheint, will ich ihn ganz durchschreiten.«

"Although the powers of the body and the soul are innumerable,
I aim at unifying all these powers on my Way.
Although my illusions and desires are inexhaustible,
I aim at putting them all in my services.
Although the highest teaching is immense, I aim at fulfilling it all.
Although the highest Way appears to be impassable,
I wish to pass it."

Kiefer vor der Dharma-Halle des Daitoku-ji Old pine tree in the Daitoku-ji

Das Bergtor des Daitoku-ji Mountain Gate of the Daitoku-ji

Die Dharma-Halle des Daitoku-ji Dharma Hall of the Daitoku-ji

Bei der Dharma-Halle At the Dharma Hall

Die Glocke des Daisen-in Bell of the Daisen-in

Tempelbesucher Temple visitors

Der Genkan vom Südgarten aus gesehen The Genkan seen from the South Garden

Der Hôjô am Ozean der Leerheit Hôjô at the Ocean of Emptiness

Der Giebel des Genkan Gable of the Genkan

Gebirgs- und Flußlandschaft Mountain and River Landscape

Der Fluß auf dem Weg nach Süden, vorne rechts der Aloeholzstein

River on its way towards the South, with the Aloe Wood Rock at the front right

Fudô- und Kannon-Stein

Fûdo and Kannon Rock

Der Trompetenmuschelstein (vorne rechts)

Trumpet Shell Rock (front right)

Der Wasserfall Waterfall

Der Dharma-Stein, der rechte Flügel der Kranichinsel Dharma Rock, Right Wing of the Crane Island

Detail des Dharma-Steins Detail of the Dharma Rock

Die Steilwand des Gebirges Steep slope of the Mountain

Brücke und linker Flügel der Kranichinsel Bridge and left Wing of the Crane Island

Die Kranichinsel Crane Island

Der Wellenspritzerstein Splash of Waves Rock

Dharma-Stein und Kiefer der Kranichinsel Dharma Rock and the Pine tree of the Crane Island

Kamelienstamm Stem of a Camelia

Der linke Flügel der Kranichinsel Left Wing of Crane Island

Der Dharma-Stein Dharma Rock

Die Kranichinsel Crane Island

Das Schatzschiff Treasure Boat

Die Brücke The Bridge

Hôjô und Nordostgarten Hôjô and the North-eastern Garden

Der Sattelstein der Schildkröteninsel Saddle Rock and Turtle island

Die Schildkröteninsel Turtle island

Der Sattelstein Saddle Rock

Der Berg-Hiei-Stein Mount Hiei Rock

Der Stein mit Buddhas Fußabdruck Rock with Buddha's Footprint

Der Nordflügel des Gartens von Westen Northern Part of the Garden as seen from the West

Das Bassin The Basin

Abt Ozeki Abbot Ozeki

Blick vom Hôjô auf den Ozean der Leerheit View from the Hôjô onto the Ocean of Emptiness

Der Ozean der Leerheit Ocean of Emptiness

Abt Ozeki Abbot Ozeki

Der Garten des Ryôan-ji Garden of Ryôan-ji

Kiefer, die Kaiser Akihito (reg. seit 1989) als Kronprinz neben den Eingang zum Daisen-in pflanzte
Pine Tree planted by Emperor Akihito (reigning since 1989) as a prince next to the entrance to the Daisen-in

Historische Streiflichter

Dieses letzte Kapitel möchte dem Bedürfnis nach einem ersten Verständnis der historischen Zusammenhänge Rechnung tragen. Darum holt es in knappster Form weit aus, ohne sich allerdings auf dürre Daten zu beschränken. Es ist sein Ziel, die Stellung des Daitoku-ji und des Daisen-in im Rahmen der Buddhismus-Geschichte Japans wenigstens aufscheinen zu lassen.
So steht denn am Beginn ein Überblick über die fünf wichtigsten buddhistischen Schulgründungen in China vom 5. bis zum 7. Jahrhundert, die zu verschiedenen Zeiten nach Japan hinüberwirkten. Es folgt ein Blick auf die Verwicklung der neuen Religion in die japanische Politik und ihre Einbeziehung in den staatlichen Zentralisierungsprozeß. Danach geht es um die folgenreiche Gründung der Tendai- und der Shingon-Schule um 800, um die Herausbildung des Standes der Samurai, um die Verehrung des Buddhas Amida und um die Übertragung des Zen-Buddhismus von China nach Japan. Die weitere Darstellung konzentriert sich auf die Entfaltung des Rinzai-Zen, auf die besondere Situation des Daitoku-ji und auf dessen Blütezeit im 16. Jahrhundert. Der schreckliche Ônin-Krieg bleibt dabei nicht unerwähnt. Die Abschnitte über Hakuin, den »Zweiten Gründer« der Rinzai-Zen-Schule in Japan, und über den Übergang zur Gegenwart bilden schließlich den Abschluß.

Buddhistische Schulgründungen in China

Hsüan-tsang (600-664) überträgt aus Indien die Schule der Merkmale des Daseins (jap. Hossô-Schule).

Zum Tempel der Großen Gnade und Güte in Xi'an gehört die Große Wildgans-Pagode. Kaiser Kao Tsu ließ sie im Jahre 652 für die zweihundertfünfundzwanzig Schriften des Hînayâna- und Mahâyâna-Buddhismus bauen, welche Hsüan-tsang (600-664) aus Indien mitgebracht hatte. Als neunundzwanzigjähriger Mönch hatte Hsüan-tsang in Ch'ang-an, dem heutigen Xi'an, den beschwerlichen Weg durch Zentralasien angetreten und war im Ursprungsland des Buddhismus zu einem angesehenen Gelehrten geworden. Er hatte sich insbesondere in der bedeutenden nordindischen Klosteruniversität Nâlandâ aufgehalten und sich dort in Texte der Yogâchâra-Schule vertieft, »welche das Erkennen lehrt« und die

Historical Highlights

This last chapter contrives to satisfy the need for preliminary understanding of historical correlation. It covers a broad spectrum of topics in a concise fashion however without merely quoting plain dates. The chapter contrives to emphasise the position of the Daitoku-ji and the Daisen-in within the framework of Japan's Buddhist history.

In the beginning a summary shall be given of the five most important establishments of Buddhist schools in China from the 4th to the 7th century and their influence on Japan at different times. Thereafter a closer look will be taken at the impact of the new religion in Japanese politics and their inclusion in the process of state centralisation. This will be followed by the momentous founding of the Tendai and Shingon Schools around 800, the development of the rank of the Samurai, the worshipping of the Buddha Amida and the transition of Zen Buddhism from China to Japan.

The focus thereafter is on the development of the Rinzai Zen, the special situation at the Daitoku-ji and the latter's heyday in the 16th century. The terrible Ônin War will also be referred to. The last sections shall be devoted to Hakuin "the second founder" of the Rinzai Zen School in Japan, the transition to contemporary' life will conclude the chapter.

Establishment of Buddhist Schools in China

Hsüan-tsang (600-664) brings the School of "Marks of Existence" (jap. Hossô-School) from India to China.

The Big Goose Pagoda in Xian belongs to the temple of Great Maternal Grace. It was built by emperor Kao Tsu in 652 for the two-hundred-and-twenty-five scripts of the Hînayâna and Mahâyana, which Hsüan-tsang (600-664) had brought back from India. Aged twenty-nine, the monk Hsüan-tsang made the tedious trip through Central Asia to the Buddhist country of origin where he became a renowned scholar.
He spent most of his time at the eminent monastery university Nâlandâ in North India, where he studied the texts of the Yogâchâra School; "which teaches discernability", they were convinced that everything we perceive is only the prod-

Überzeugung vertritt, daß alles, was wir wahrnehmen, nur Produkt unserer schöpferischen Imagination sei und außerhalb des Erkennens keine Realität besitze.
Nach sechzehn Jahren wieder in China, widmete sich Hsüan-tsang der Übertragung von buddhistischen Sanskrit-Texten ins Chinesische, er wurde einer der vier großen Übersetzer, die vor der schwierigen Aufgabe standen, für das buddhistische Denken Indiens chinesische Begriffe zu finden, und die sich mit dem Rückgriff auf die Terminologie des Taoismus behalfen.
Gemeinsam mit einem Schüler gründete Hsüan-tsang die chinesische Yogâchâra-Schule, die als Fa-hsiang-Schule, als »Schule der Merkmale des Daseins«, Bedeutung erlangte und die der japanische Mönch Dôshô (629-700), der ab 653 zehn Jahre bei Hsüan-tsang studierte, als Hossô-Schule nach Nara in Japan übertrug. Der Lehrer hatte den japanischen Schüler auch auf die Südliche Schule des Zen hingewiesen, und so kam es, daß der Gründer der Hossô-Schule die erste Zen-Halle Japans einrichtete.

Die Ausbreitung der neuen Religion in China.

Der Buddhismus war bereits sechshundert Jahre, bevor der große Pilger lebte, über Zentralasien bis nach China vorgedrungen. Im 3. Jahrhundert begann die intensive Übersetzungsarbeit an wichtigen Texten. Der erste chinesische Pilger, dem es gelang, Indien zu erreichen, Fa-hsien (337-422), brachte 414, als er von seiner fünfzehnjährigen Reise auf dem Seeweg heimkehrte, weitere Schriften mit, und schließlich hatte sich bis zum 6. Jahrhundert die neue Religion im ganzen Land ausgebreitet. Es kam zur Bildung von Schulrichtungen, die in der Blütezeit des Buddhismus in China eine große Rolle spielten.

402: Beginn der Schule des Reinen Landes (jap. Jôdo-Schule).

Die Grundlage für die älteste der fünf wichtigsten Schulen, die hier genannt werden sollen, schuf ein Zeitgenosse Fa-hsiens, der Mönch Hui-yüan (334-416), als er 402 die »Weißer-Lotos-Gesellschaft« gründete. Das war in China der Beginn

uct of our creative imagination and that discernability has no reality.
Sixteen years later he returned to China, where he devoted his time to translating Sanskrit texts into Chinese. He was one of four great translators who faced the difficult task of finding Chinese terms for the Buddhist thoughts of India; they reverted to Taoist terms.
Together with a pupil, Hsüan-tsan established the Chinese Yogâchâra School, which became renowned as the Fa-hsiang School, the "Marks-of-Existence School"; the Japanese monk Dôshô (629-700), who from 653 studied for ten years under Hsüan-tsang, established the school in Nara, Japan, under the name of Hossô School. The teacher had also introduced the disciple to the Southern School of Zen, hence the founder of the Hossô School built the first Zen Hall in Japan.

The spreading of the new religion in China

As early as 600 years prior to the great pilgrim, Buddhism had made its way through Central Asia to China. In the 3rd century serious translation work of important texts were initiated. Fa-hsien (337-422), was the first Chinese pilgrim who succeeded to reach India. He returned fifteen years later by boat in 414 with additional texts; by the sixth century, the new religion had spread all over the country. Schools, which played an important role in China's heyday of Buddhism, were established.

402: Beginning of the "School of the Pure Land" (jap.: Jôdo-School).

The foundation of the oldest of the five most important schools was laid by Hui-yüan (334-416) a contemporary of Fa-hsien, when he created the "White Lotos Society". This was the beginning of the "School of the Pure Land" (Ch'ing-t'u tsung, Japanese Jôdo-shû) in China. The adepts hoped to be reborn in the Western Paradise, with the help of the Buddha Amitâbha (Japanese Amida).

der »Schule des Reinen Landes« (Ching-t'u-tsung, japanisch Jôdo-shû), deren Anhänger darauf hoffen, mit Hilfe des Buddhas Amitâbha (japanisch Amida) in dessen Westlichem Paradies wiedergeboren zu werden.

Um 500: Gründung der Ch'an-Schule (jap. Zen-Schule).

Am Beginn des 6. Jahrhunderts traf aus Indien Bodhidharma in China ein. Er war der achtundzwanzigste Patriarch der indischen Überlieferungslinie des Ch'an beziehungsweise Zen und der erste der chinesischen Linie. Bodhidharma stellte die Praxis der Meditation in den Mittelpunkt, und aus der Begegnung seines Dhyâna-Buddhismus mit dem chinesischen Taoismus ging die Zen-Schule hervor, die »besondere Überlieferung außerhalb der orthodoxen Lehre«[35], die von den heiligen Schriften unabhängig ist, die unmittelbar auf das menschliche Herz deutet und die die Schau des eigenen Wesens und die Buddha-Werdung zum Ziel hat.

Chih-i (538-597) begründet die Schule der himmlischen Plattform (jap. Tendai-Schule).

Die Zen-Schule und die Schule der himmlischen Plattform – die T'ien-t'ai-Schule – haben einen Patriarchen gemeinsam, nämlich Nâgârjuna (2./3. Jahrhundert). In der Zen-Tradition gilt er als der vierzehnte indische Patriarch, und die T'ient-t'ai-Schule bezeichnet ihn als ihren ersten. Diese Schule versteht alle Phänomene als Ausdruck des Absoluten. Sie erhielt ihren Namen von dem Berg, auf den sich Chih-i (538-597), ihr vierter Patriarch und eigentlicher Begründer, 576 zurückgezogen hatte. Chih-i führte eine Meditationsweise ein, die unter dem Namen Chih-kuan bekannt ist.

Mit Fa-tsang (643-712) entsteht die Blumengirlande-Schule (jap. Kegon-Schule).

Den Kern der Lehre der letzten der großen Schulen aus der Blütezeit des Buddhismus in China hat Heinrich Dumoulin so formuliert: »Die Grundidee ist die Einheit in der Vielheit:

Around 500: Foundation of the Ch'an-School (jap. Zen-School).

At the beginning of the 6th century, Bodhidharma reached China from India. He was the twenty-eighth Patriarch of the Indian line of descent of the Ch'an respectively the Zen School, and the first in the Chinese lineage. For Bodhidharma meditation was the core aspect; the Zen School originated through the fusion of his Dhyâna Buddhism and Chinese Taoism. Zen being "the special tradition outside of the orthodox teachings"[35], independent of the holy scripts it points directly towards the human heart, its aim being the display of one's own essence and becoming a Buddha.

Chih-i (538-597) founds the School of the Heavenly Platform (jap. Tendai-School).

The Zen School and the T'ien t'ai, the School of the Heavenly Platform have a mutual patriarch, Nâgârjuna (2./3. century). In Zen tradition, he is regarded as the fourteenth Indian patriarch, for the T'ien t'ai he is the first. For this school, all phenomena are regarded as the expression of the absolute. The school is named after the mountain, to where their actual founder Chih-i (538-597), the fourth patriarch, retreated in 576. Chih-i introduced a type of meditation known as Chih-kuan.

Fa-tsang (643-712) founds the Flower Garland School (jap. Kegon-School).

The core of the teaching of the last great school from the Buddhist heyday in China were described by Heinrich Dumoulin in the following way: "The basic idea is the variety in the diversity: All in One, One in All. The space has merged to a single entity."[36] When Fa-tsang (643-712) founded the Hua-yen School, the Flower Garland School he already had two forerunners who were considered to be the first patriarchs. Shen-hsiang (Japanese Shinshô) brought this school to Japan as early as 740.

Alles in Einem, Eines in Allem. Das All ist zu einem einzigen Ganzen verschmolzen.«[36] Als Fa-tsang (643-712) die Hua-yen-Schule – die Blumengirlande-Schule – gründete, hatte er bereits zwei Vorläufer, die als die beiden ersten Patriarchen gelten. Mit Shen-hsiang (japanisch Shinshô) gelangte die Schule schon um 740 nach Japan.

845: Buddhistenverfolgung

Gut hundert Jahre später endete die einflußreiche Zeit des chinesischen Buddhismus. Die Macht der Klöster wurde als derart bedrohlich empfunden, daß 845 eine Verfolgung einsetzte: Es wurden Klöster aufgelöst und Mönche und Nonnen zur Aufgabe des geistlichen Standes gezwungen. Während der Herrschaft der Sung-Dynastie (960-1279) hatten nur noch zwei Schulen eine bedeutende Position inne: die Ch'an-Schule und die des Reinen Landes, und die verschmolzen während der Ming-Periode (1368-1644) miteinander.

Buddhismus und Politik in Japan vor der Gründung Kyôtos 794

Machtkämpfe

Die ältesten erhaltenen Chroniken Japans sind die »Aufzeichnungen alter Geschehnisse« – Kojiki – von 712 und die »Annalen Japans« – Nihongi – von 720, beide verfaßt zur Legitimation des Herrscherhauses.
Im Nihongi wird über Machtkämpfe der Mononobe- und der Soga-Sippe berichtet. Die Soga gehörten als Zweig zur kaiserlichen Familie, gründeten ihre Autorität aber nicht auf eine mythologische Abkunft, sondern auf ihr Amt als Schatzmeister des Hofes. Ihnen war der aus Korea eingeführte neue Kult des Buddha anvertraut worden. Die Mononobe hingegen leiteten sich von einem »Kami« her, der einst in einem himmlischen Felsenboot vom Himmel herabgekommen war und Jimmu, dem ersten der legendären Kaiser, einen einzigartigen Akt der Loyalität erwiesen hatte.
Sie und die Nakatomi argumentierten: »Wenn wir gerade in dieser Zeit damit beginnen, fremde Gottheiten statt unserer eigenen zu verehren, müssen wir befürchten, uns den Zorn

845: Prosecution of Buddhists

More than one hundred years later, the influential period of the Chinese Buddhism came to an end. The power of the monasteries was felt so much as a threat, that it lead to persecution in 845: Monestaries were disbanded and the monks and nuns were forced to give up the clergy. During the Sung dynasty (960-1279), only two schools held an important position: The Ch'an School and the School of the Pure Land; these two merged during the Ming dynasty (1368-1644).

Buddhism and Politics in Japan before the Founding of Kyôto in 794

Struggling for power

The oldest existing chronicles of Japan are the Kojiki "Records of Ancient Matters", from 712, and the "Chronicles of Japan", the Nihongi from 720, both compiled to legitimise the ruling house.
The Nihongi describes the struggle for power between the two clans Mononobe and Soga. The Soga belonged to a branch of the imperial line; they did not base their authority on mythological origins, but upon their post as court treasurers. They were entrusted with the new Buddha cult, which had been imported from China. The origins of the Mononobe were derived from a "kami", who flew down from heaven riding in a 'heavenly-rock-boat' and performed a spectacular act of loyalty to the first emperor Jimmu.
They and the Nakatomi argued: "If just at this time we were to worship foreign Deities instead of our own, it may be feared that we should incur the wrath of our National Gods."[37] They feared loosing their social position which was due to divine descent, once the new teaching gained acceptance.

In 587 the Soga won the all-decisive victory. Prince Shôtoku (574-622), who was the second child of the emperor Tachibana no Toyo-hi, had participated in the battle on the side of the Soga and had vowed: "If we are now made to gain the victory over the enemy, I promise faithfully to honour the four Heavenly Kings, guardians of the world, by erecting a

unserer eigenen alten Götter zuzuziehen.«[37] Sie bangten um ihren Rang, der ihnen dank ihrer göttlichen Abstammung zukam, wenn sich die neue Lehre durchsetzte.

587 errangen die Soga den entscheidenden Sieg. Prinz Shôtoku (574-622), zweites Kind des Kaisers Tachibana no Toyo-hi, hatte auf der Soga-Seite an dem Kampf teilgenommen und gelobt: »Ich verspreche feierlich, daß ich, wenn wir in die Lage versetzt werden zu siegen, die Vier Himmlischen Könige, die Wächter der Welt, durch die Errichtung eines Tempels mit einer Pagode ehren werde.«[38] Und Soga no Umako, das Haupt des Klans, hatte ebenfalls geschworen, im Falle eines Sieges einen Tempel zu bauen.

593: Prinz Shôtoku wird Regent

593 wurde Prinz Shôtoku als Regent eingesetzt und im nächsten Jahr der Buddhismus durch einen kaiserlichen Erlaß unterstützt. Die neue Religion verdrängte die althergebrachten Kulte jedoch nicht, diese blieben vielmehr insbesondere für das Kaiserhaus, das sich ungeachtet des Dynastiewechsels zu Beginn des 6. Jahrhunderts von der Sonnengöttin Amaterasu herleitete, seiner Legitimation wegen von Bedeutung.

Das Jahr 604, das elfte der Regentschaft des Prinzen, brachte bemerkenswerte Neuerungen: die Einführung des chinesischen Kalenders und vor allem die Proklamation der Siebzehn Artikel-Verfassung. Artikel II beginnt mit der Aufforderung »Verehre aufrichtig die drei Schätze«[39], das heißt den Buddha, die von ihm verkündete Wahrheit und die Mönchsgemeinde. In seinen letzten Lebensjahren stand für den Regenten nicht mehr die Politik im Vordergrund, sondern das Studium der buddhistischen Schriften.

645: Beginn des »Großen Wandels«

Im Juni 645 tötete der neunzehnjährige kaiserlische Prinz Naka no Ôe (626-671), der spätere Kaiser Tenji, mit seinem Gefolge die führende Persönlichkeit des Soga-Klans, nachdem es so ausgesehen hatte, als wolle diese Sippe den Thron usurpieren. Danach begann die weitreichende Taika-Reform

temple with a pagoda dedicated to them."[38] The Great Imperial Chieftain, Soga no Mumako, also vowed in case of a victory to build a temple.

593: Prince Shôtoku is appointed Regent

In 593 Prince Shôtoku was appointed regent, the following year he supported Buddhism by an imperial edict. The new religion did not oust the traditional cults; especially for the imperial court they remained of great significance, even after the dynastic change in the beginning of the 6th century, as they derived their legitimation from the sun goddess Amaterasu.

The year 604, which was the eleventh year of rule of the Prince, brought remarkable reforms: The implementation of the Chinese calendar, and especially the proclamation of a constitution with seventeen articles. Article II begins with the incitement: "Sincerely reverence the three treasures"[39], being Buddha, the Law and the monastic order. The regent did not dedicate his last years of life to politics, but to the study of Buddhist scripts.

645: Beginning of the "Great Chance"

In June 645, the nineteen year old imperial Prince Naka no Ôe (626-671), the later Emperor Tenji, killed the leading personality of the Soga clan with his entourage, after it appeared that this clan had wanted to usurp the throne. After this, the important Taika Reform began (Taika=Great Change), which continued with the centralisation process: Land and people were declared as property of the Tennô, a new system of administration was implemented, a bureaucratic structure was set up, a standardised taxation system was established, and a system of laws was developed. China served as a model. The centrally organised imperial state superseded the existing structures of clan rulers. Finally, in the 8th century, a capital was built after the model of Ch'ang an: Nara was made government seat in 710.

(Taika = Großer Wandel), die den bereits eingeleiteten Zentralisierungsprozeß weiterführte: Land und Volk wurden zum Eigentum des Tennô erklärt, ein neues Verwaltungssystem eingerichtet, ein Beamtenapparat aufgebaut, ein einheitliches Steuersystem geschaffen und eine Rechtsordnung entwickelt. China bot das Vorbild. Der zentralistisch organisierte kaiserliche Staat löste das bisherige Gefüge aus Klan-Herrschaften ab. Schließlich baute man im frühen 8. Jahrhundert eine Hauptstadt nach dem Muster von Ch'ang-an: 710 wurde Nara Regierungssitz.

Um 740: die Kegon-Schule kommt nach Japan

Um 740 brachte Shen-hsiang die Lehre der Hua-yen-Schule nach Japan, wo sie als Kegon-Schule in Rôben (689-773) ihren ersten japanischen Repräsentanten fand. Die auf dem Avatamsaka-Sûtra gründende »Lehre von der Totalität«, nach der »alle Dinge in Einem münden und dieses Eine sich in Vieles spaltet«[40], wurde von Kaiser Shômu, der von 724 bis 749 regierte, nicht nur geistlich-philosophisch, sondern auch politisch als Bestätigung des staatlichen Einheitsideals verstanden. Die Konzeption eines gewaltigen Haupttempels in der Hauptstadt mit zugeordneten Tempeln in jeder Provinz spiegelt in direktester Weise den Willen zur Zentralisierung. Bis heute dokumentiert der Tôdai-ji in Nara die kaiserliche Tat, wenn auch nicht mehr im einstigen Umfang. Auch der riesige Buddha ist nicht mehr der ursprüngliche, der jetzige stammt aus dem Jahr 1692. Der Geist, der den Kaiser bei Planung und Ausführung beflügelte, kommt in einer Proklamation von 743 zum Ausdruck. Es heißt dort:

Ab 743: Bau des Haupttempels des Landes und Guß einer ca. 16 m hohen Buddha-Statue

»... Wir geben bei dieser Gelegenheit Unser Gelübde bekannt, ein Standbild des Rochana Buddha in Gold und Kupfer zu errichten. Wir wünschen, daß sämtliche Metallvorräte des Landes für den Guß bereitgestellt werden und daß der Hügel auf dem Gelände, auf dem das große Gebäude errichtet werden soll, eingeebnet wird, damit das gesamte Land mit Uns in der Gemeinschaft des Buddhismus vereint

Around 740: the Kegon-School is brought to Japan

Around 740, Shen-hsiang brought the teachings of the Hua-yen School to Japan, where it was first represented as Kegon School by Rôben (689-772). Based on the Avatamasaka Sûtra's "Sutra of the Garland of Buddhas" according to which "all things lead into one entity, in turn this one entity again is split into a multitude."[40] Emperor Shômu, who reigned from 724 to 749, not only understood these statements in spiritual philosophical terms, but also politically as confirmation of the state's ideal of unity. The concept of a massive main temple in the capital, with assigned temples in every province, obviously reflects the intention of centralisation. Still today the Tôdai-ji in Nara documents this imperial deed, though not as extensively as in the past. The huge statue of Buddha, too, is not the original, the present one dates from 1692. The inspiration the emperor felt when planning and implementingg the project is expressed in the proclamation of the year 743. It states the following:

From 743: Building of the Main Temple of the Country and Casting a statue of the Buddha of approx. 16 m in height.

... We wish to make the utmost use of the nation's resources of metal in the casting of this image, and also to level off the high hill on which the great edifice is to be raised, so that the entire land may be joined with Us in the fellowship of Buddhism and enjoy in common the advantages which this undertaking affords to the attainment of Buddhahood.
It is We who possess the wealth of the land; it is We who possess all power in the land. With this wealth and power at Our command, We have resolved to create this venerable object of worship. The task would appear to be an easy one, and yet a lack of sufficient forethought on Our part might result in the people's being put to great trouble in vain, for the Buddha's heart would never be touched if, in the process, calumny, and bitterness were provoked which led unwittingly to crime and sin.
Therefore all who join in the fellowship of this undertaking must be sincerely pious in order to obtain its great blessings, and they must daily pay homage to Lochana Buddha, so that with constant devotion each may proceed to the creation of

sei und sich des Vorteils erfreue, den dieses Unternehmen im Hinblick auf die Erlangung der Buddhaschaft mit sich bringt. Es sind Wir, die den Reichtum des Landes besitzen; es sind Wir, die über alle Macht des Landes verfügen. Mit diesem Reichtum und dieser Macht in Unserer Hand haben Wir beschlossen, diesen ehrwürdigen Gegenstand der Anbetung zu schaffen. Die Aufgabe mag als leicht erscheinen, doch könnte ein Mangel in Unserer Vorplanung zur Folge haben, daß dem Volk vergeblich große Mühe aufgebürdet wird, denn Buddhas Herz würde nie angerührt, wenn bei der Ausführung der Arbeiten Verleumdung und Bitterkeit aufkämen, die unbeabsichtigt Verbrechen und Sünde zur Folge hätten. Daher müssen alle, die zur Gemeinschaft der an dem Werk Arbeitenden gehören, aufrichtig fromm sein, um seine großen Segnungen zu erhalten, und sie müssen täglich Rochana Buddha Verehrung erweisen, so daß jeder mit beständiger Hingabe zu der Schaffung des Rochana Buddha beitrage. Wenn Leute den Wunsch haben, bei der Erstellung des Standbildes zu helfen, obwohl sie nicht mehr anzubieten haben als einen Zweig oder eine Handvoll Erde, sollte man es ihnen erlauben. Die Provinz- und Bezirksverwaltungen dürfen die Menschen nicht beunruhigen, indem sie im Namen dieses Projekts willkürliche Forderungen stellen. Dies ist überall bekanntzugeben, damit jedermann Unsere Absichten in dieser Sache versteht.«[41]

Der Entwurf sah eine über 16 m hohe Figur vor. Alles im Land vorhandene Kupfer wurde dafür gebraucht. 749 war der Guß vollendet, es fehlten nur noch die Haarlocken, die Vergoldung und der Heiligenschein, der erst 771 fertig wurde. In Gegenwart buddhistischer Würdenträger aus Indien und China fand im Frühjahr 752 die prächtige Augenöffnungszeremonie statt, bei der ein indischer und ein chinesischer Priester mit einem Pinsel die Pupillen in die Augen malten.

754: Ganjin bringt die Schule der Disziplin nach Japan

Kaiser Shômu lag offenkundig viel an dem geordneten Leben seines Klerus‹. Bereits 742 hatte er, um in seinem Land die Kenntnis der monastischen Disziplinarregeln zu vertiefen, dem Chinesen Chien-chen (688-763), den die Japaner Ganjin nennen, nach Japan eingeladen. Ganjin war ein Meister der

Lochana Buddha. If there are some desirous of helping in the construction of this image, though they have no more to offer than a twig or handful of dirt, they should be permitted to do so. The provincial and county authorities are not to disturb and harass the people by making arbitrary demands on them in the name of this project. This is to be proclaimed far and wide so that all may understand Our intentions in the matter.[41]

In the draft, a more than 16 m high statue was planned; which needed the country's entire copper. The first casts failed. In 749, after a series of attempts, they finally succeeded, the main work was done, the only missing parts were his locks of hair, the gilding and the halo, which was only completed in 771. In spring 752, in the presence of Buddhist dignitaries from India and China, the magnificent eye-opening ceremony took place, where a Chinese and an Indian priest using a big brush, gave colour and life to the eyes.

754: Ganjin brings the School of Discipline to Japan

Apparently, the proper life-style of his clergy meant a great deal to the Emperor Shômu. As early as 742, he invited the Chinese Chien-chen (688-763), whom the Japanese called Ganjin, to enhance the knowledge of the monastic disciplinary rules in his country. Ganjin was a master of the teachings that particularly emphasised the need to comply with the strict rules, stipulated in the Vinaya-Pitaka. There were 250 rules for the monks and 348 for the nuns. After five futile attempts – the Chinese emperor did not want to let him go – Ganjin finally reached Japan in 754. In the meantime he had gone blind. He established the Ritsu School, "the School of Discipline" and the monastery Tôshôdai in Nara. The statue of him, in the Founder's Hall of the monastery was apparently built in the year of his death, is very moving to the viewer. According to Mason, this statue is the earliest extant realistic portrait sculpture in Japan.

Schulrichtung, die auf die strenge Einhaltung der im Vinaya-Pitaka niedergelegten Regeln besonderen Wert legt. Es gab 250 Regeln für Mönche und 348 für Nonnen. Nach fünf vergeblichen Versuchen – der chinesische Kaiser wollte ihn nicht gehen lassen – gelang Ganjin 754 die Reise nach Japan. Inzwischen hatte er sein Augenlicht verloren. Er gründete die Ritsu-Schule, die »Schule der Disziplin«, und das Kloster Tôshôdai-ji in Nara. Die ihn darstellende ergreifende Statue in der Gründerhalle des Klosters soll im Todesjahr des Meisters entstanden sein, sie ist laut Mason die älteste in Japan erhaltene wirklichkeitsgetreue Portrait-Skulptur.

Ein politischer Skandal

In den 760er Jahren spielte ein buddhistischer Priester in einem politischen Skandal großen Ausmaßes eine Hauptrolle. Zwischen ihm, Dôkyô, und der Tochter Kaiser Shômus war es zu einer Liebesaffäre gekommen. Als nun diese Tochter 764 zum zweiten Mal den Thron bestiegen hatte, ernannte sie Dôkyô zum Regierenden Minister. 766 verlieh sie ihm den Titel »König des Gesetzes«. Dôkyô behauptete, ein Orakel des Usa-Schreins bestimme ihn zum Nachfolger der Herrscherin. Die Überprüfung ergab jedoch die Auskunft, das Orakel sage, nur ein Mitglied des Kaiserhauses könne Tennô werden. Nach dem Tod der Kaiserin 770 mußte Dôkyô in die Verbannung gehen. Vierzehn Jahre später wurde Nara als Hauptstadt aufgegeben. Der politische Einfluß der Priesterschaft war zu groß geworden. Zunächst wählte man Nagaoka als Regierungssitz, doch dann entschloß man sich 794, das heutige Kyôto zu gründen.

Die Einführung neuer buddhistischer Schulen durch Saichô und Kûkai

788: Saichô gründet den Enryaku-ji

Im siebten Monat des Jahres 788 erstieg ein junger Priester auf der Suche nach geistlicher Erneuerung den Berg Hiei nahe dem Biwa-See und sang ein Gebet, das er selbst verfaßt hatte:

A political scandal

In the years after 760, a Buddhist priest played a leading role in a large-scale political scandal. A love affair had developed between, Dôkyô, and the daughter of Emperor Shômu. When this daughter came to the throne for the second time in 764, she appointed Dôkyô as the Prime Minister. In 766 she bestowed the title "King of the Laws" upon him. Dôkyô claimed an oracle of the Usa shrine had determined him to be the successor of the ruling empress. The examination of the oracle revealed that only a member of the imperial house could be appointed as a tennô. After the death of the empress in 770, Dôkyô was banned. Fourteen years later Nara was given up as the capital. The political influence of the clergy had become too powerful. First Nagaoka was chosen as the seat of government, but then in 794, the decision was made to establish today's Kyôto.

Introduction of New Buddhist Schools by Saichô and Kûkai

788: Saichô founds the Enryaku-ji

One day in the seventh moon of 788 a young priest made his way up the side of Mt. Hiei close to the lake Biwa, in search of spiritual renewal. He sang a song of prayer, which he himself had composed:

"O Buddhas
Of unexcelled complete enlightenment
Bestow your invisible aid
Upon this hut I open
On the mountain top"[42]

The young priest was Saichô (767-822), son of a Chinese immigrant family. His small hut was to become the monastic centre Enryaku-ji. When the location for the new capital was determined in 794, Saichô's temple lay precisely in the northeast, which was a good omen. Saichô enjoyed the patronage of the Emperor Kammu (reigned 781-806); he was sent to China in 804 to seek approval for the new Buddhist establishment.

»Oh Buddhas
der unübertroffen vollendeten Erleuchtung,
gewährt Eure unsichtbare Hilfe
der Hütte, die ich
auf dem Berggipfel baue.«[42]

Der junge Priester war Saichô (767-822), Sproß einer chinesischen Einwandererfamilie. Aus seiner kleinen Hütte sollte das große Klosterzentrum Enryaku-ji werden. Als 794 der Ort für die neue Hauptstadt festgelegt wurde, lag Saichôs Tempel als gutes Vorzeichen genau im Nordosten. Saichô genoß die Förderung Kaiser Kammus (Regierungszeit 781-806) und wurde 804 nach China gesandt, um dort die Zustimmung für seine Gründung einzuholen. Hier war er Schüler des zehnten Patriarchen der T'ien-t'ai Schule, Tao-sui, und kam außerdem in Berührung mit der Hua-yen-Schule und der tantrischen »Schule der Geheimnisse« Mi-tsung. Als Tendai-Schule übertrug er die T'ien-t'ai-Schule nach Japan und bezog auch Elemente des Zen, das er bereits früher durch den japanischen Mönch Gyôhô kennengelernt hatte, in das klösterliche Leben ein. Es war ihm wichtig zu betonen, allen Menschen sei es möglich, die Erleuchtung zu erlangen: »... alle menschlichen Wesen tragen den Lotos der Buddhaschaft in sich.«[43]
Saichôs Kloster entwickelte sich zu einem bedeutenden geistigen Mittelpunkt, und es wurde zum »Zentrum für den Schutz des Landes« erklärt. Die Priesterschaft der bisherigen Hauptstadt Nara reagierte mit bitterer Eifersucht. Der Enryaku-ji wurde mit Wohltaten überhäuft und hielt es im 10. Jahrhundert für nötig, zur Verteidigung von Besitz und Privilegien eine Armee aufzustellen. Die meisten großen Klöster unterhielten tausende von Mönchskriegern, von denen der größte Teil wahrscheinlich nur nominell zur Priesterschaft gehörte. Viele heftige Gefechte fanden zwischen Tempeln statt. Welches Ausmaß dabei die Zerstörung annehmen konnte, zeigen folgende Zahlen: Bei dem Kampf gegen den Mii-dera, den der Abt des Enryaku-ji 1081 persönlich leitete, wurden 294 Hallen, 15 Häuser zur Aufbewahrung von Sûtren, 6 Glockentürme, 4 Tabernakel, 624 Klostergebäude und 1500 Wohnhäuser vernichtet. Selbst dem Kaiser wurde vom Enryaku-ji mit dem Einsatz bewaffneter Kräfte gedroht, und zwar im Verlauf von zweihundert Jahren nicht weniger als siebzigmal.

Here he was the scholar of Tao-sui, the tenth patriarch of the T'ien-t'ai School; he also came in contact with the Hua-yen School and the tantric Mi-tsung "School of Secrets". He brought back the doctrine of the T'ien-tai to Japan as Tendai, but he also incorporated elements of Zen, with which he had previously become acquainted with through the Japanese monk Gyôhô. It was important to him to stress that it was possible for all humans to reach enlightenment: "...all human beings have the lotus Buddhood within them."[43]
Saichô's monastery developed to an important spiritual centre and was declared to be the "Centre for the protection of the Nation". The priests of the former capital Nara reacted with bitter envy. The Enryaku-ji was swamped with favours; in the 10th century it was deemed necessary to have an army to protect possessions and privileges. Most large monasteries kept thousands of monk soldiers, of which the majority probably belonged but nominally to the clergy. Many violent battles were fought between the temples. The degree of destruction can be deduced from the following figures: In the battle against Mii-dera in 1081, lead personally by the abbot of the Enryaku-ji, 294 halls, 15 Sûtra store houses, 6 bell towers, 4 tabernacles, 624 monastic residences and 1500 dwelling houses were destroyed. During two centuries the Enraku-ji even threatened the Emperor no less than seventy times with armed force.

The terrible end of the middle age period in the history of the Enryaku-ji came in the 16th century. Oda Nobunaga attacked the monastic centre with thirty thousand men; even the pleas of his own people did not soften him. Under the cover of darkness he ordered the army to encircle the mountain and to advance at dawn. Everybody was killed, men, women, children, nobody escaped the bloodbath. The Jesuit Father Frois concluded the account of the cruel event with the terrible feeling of triumph by stating he following: "Thus God punished these enemies of his glory on Saint Michael's Day in the year 1571."[44]

Das Ende der mittelalterlichen Periode in der Geschichte des Enryaku-ji kam im 16. Jahrhundert, es war schrecklich. Oda Nobunaga attackierte das Klosterzentrum mit dreißigtausend Mann und war auch durch Bitten eigener Leute nicht zu erweichen. Im Schutz der Dunkelheit ließ er seine Armee den Berg umzingeln und in der Morgendämmerung vorrücken. Alle wurden getötet, Männer, Frauen, Kinder, niemand entkam dem Gemetzel. Der Jesuitenpater Frois schloß die Schilderung des grausamen Ereignisses mit einem entsetzlichen Gefühl des Triumphes, indem er im Sinne des Zeitgeistes schrieb: »So hat Gott diese Feinde seines Ruhms am St. Michaels-Tag des Jahre 1571 gestraft.«[44]

806: Kûkai gründet die Shingon-Schule, die Schule des Wahren Wortes.

Gleich Saichô war Kûkai (774-835), der Sohn einer der großen aristokratischen Familien, von dem Buddhismus, den er in Nara vorfand, unbefriedigt: »Ich flehte zu allen Buddhas der drei Welten und zehn Richtungen, mir nicht die Ungleichheit, sondern die Einheit der Lehre zu zeigen.«[45] Beide segelten 804 mit derselben Gesandtschaft, aber auf verschiedenen Schiffen, nach China. Die Seereise dauerte vierunddreißig Tage und endete nicht, wie wahrscheinlich geplant, in der Mündung des Jangtsekiang, sondern an der Küste der Provinz Fukien. Der dortige Gouverneur war von Kûkais Beherrschung des Chinesischen derart beeindruckt, daß er die Gesandtschaft unbehelligt nach Ch'ang-an weiterziehen ließ.

In der Hauptstadt fand Kûkai, was er suchte, in der »Schule der Geheimnisse« (Mi-tsung), der im 8. Jahrhundert mit drei indischen Meistern ins Land gekommenen tantrischen Schule des chinesischen Buddhismus, deren grundlegendes Werk das Mahâvairochana-Sûtra ist. Durch Zufall war er bei dem Bemühen, einen großen buddhistischen Lehrer zu finden, an Hui-kuo, den Abt der Ost-Pagoden-Halle des Tempels des Grünen Drachens, geraten. Kûkai berichtet: »Sobald er mich sah, lächelte er erfreut und sagte froh: ›Ich wußte, daß du kommen würdest! Ich habe sehr lange darauf gewartet. Welche Freude bereitet es mir, dich schließlich heute zu sehen! Mein Leben neigt sich dem Ende zu, und vor deiner Ankunft war niemand da, auf den ich die Lehre hätte über-

806: Kûkai founds the Shingon-School, the School of the True Word.

Like Saichô, Kûkai (774-835), the son of a large aristocratic family, was dissatisfied with the Buddhism offered by Nara: "I beseeched all Buddhas of the three worlds and ten directions, to show me not the disparity, but the unity of the teaching."[45] Both sailed in 804 to China with the same legation but on different ships. The voyage took thirty-four days and did not end as expected in the estuary of the Jangtsekiang, but on the coast of the province Fukien. The local governor was so impressed with Kûkai's Chinese, that he let the legation travel on to Ch'ang-an without any further ado.

In the capital, Kûkai found what he was looking for in the "School of Secrets" (Mi-tsung). This tantric school of Chinese Buddhism had reached China in the 8th century through three Indian masters, its essential script being the Mahâvairochana Sûtra. In the course of looking for an eminent Buddhist teacher, Kûkai came across Hui-kuo, the abbot of the East Pagoda Hall of the Green Dragon Temple. Kûkai gave following account: "As soon as he saw me he smiled with pleasure, and he joyfully said, "I knew that you would come! I have been waiting for you a long time. What pleasure it gives me to look on you today at last! My life is drawing to an end, and until you came there was no one to whom I could transmit the teachings. Go without delay to the ordination altar with incense and flower."[46] The secret teachings were and still are only handed down orally, it is revealed only to one initiated disciple by the master. Mantras, mudras and mandalas play an important role.

After his return in 806, Kûkai founded the Shingon School, the School of the True Word. It assigned an important task to art: "In truth the esoteric doctrines are so profound as to defy their enunciation in writing. With the help of painting, however, their obscurities may be understood."[47] E. g. when observing the Mandalas of the Womb World and the Diamond World.

tragen können. Gehe ohne zu zögern mit Weihrauch und einer Blume zum Ordinationsaltar.«[46] Die geheime Lehre wurde und wird nur mündlich weitergegeben und vom Meister nur einem initiierten Schüler offenbart. Mantras, Mudrâs und Mandalas spielen eine wichtige Rolle.

Nach seiner Rückkehr 806 gründete Kûkai die Shingon-Schule, die Schule des Wahren Wortes. Der Kunst wies er eine wesentliche Aufgabe zu: »... die esoterischen Lehren sind so tief, daß sie sich der schriftlichen Darlegung widersetzen. Doch mag mit Hilfe der Malerei das schwer Erfaßbare verstehbar werden«[47], es sei hinzugefügt: etwa bei der Betrachtung der Mandalas des Mutterschoßes und des diamantenen Bereichs.
Kûkai entwarf ein System von zehn Stufen der Entwicklung des erkennenden Bewußtseins, dessen Krönung seine Lehre darstellt. Es folgen aufeinander: die Welt des tierischen Lebens, der Konfuzianismus, der Taoismus, zwei Stufen des Hînayâna, die Hossô-Schule, die Sanron-, Tendai- und Kegon-Schule und dann die Shingon-Schule. Kûkais esoterische Lehre beeindruckte auch Saichô, der sich nicht nur von Kûkai initiieren ließ, sondern auch einen seiner besten Schüler zu ihm schickte; als Kûkai diesen nicht mehr zum Berg Hiei zurückkehren ließ und auf Saichôs diesbezüglichen Wunsch in anmaßendem Ton reagierte, kam es zum Bruch.

Samurai

Die mit dem »Großen Wandel« 645 eingeleitete Bodenreform sah einschneidende Maßnahmen vor. Alles Land wurde zum Staatsbesitz erklärt und gleichmäßig an alle über fünf Jahre alten Personen verteilt. Frauen erhielten zwei Drittel der männlichen Quote. Die Landzuweisung verpflichtete zu Steuern und zum Militärdienst.
Doch es gab Ausnahmen.
Die Besitzungen geistlicher Institutionen wurden nicht angetastet, sie waren außerdem steuerfrei. Geschenktes Land blieb ebenfalls steuerfrei. Für Land, das jemand seines Ranges wegen erhielt, sowie für Land, das als Einkommen zur Verfügung gestellt wurde, war nur Reissteuer zu zahlen; das galt auch für Land, das aufgrund spezieller Verdienste zugeteilt worden war.

Kûkai developed a system of ten levels of development of the cognitive consciousness, which represents the highlight of his teachings. The sequence is as follows: The world of fauna, Confucianism, Taoism, two levels of Hînayâna, the Hossô School, the Sanron, Tendai and Kegon School and lastly the Shingon School. Kûkai's esoteric teachings also impressed Saichô, who was not only initiated by Kûkai, but also sent him one of his best pupils. The relationship ended as a result of Kûkai not allowing the pupil to return to Mount Hiei, and his presumptuous reaction to Saichô's explicit wish to do so.

Samurai

The Reform of the Land, which was implemented, with the "Great Reform" in 645, resulted in drastic measures. The land was declared to be state possession, it was equally distributed among all persons above the age of five. Women received two thirds of the male quote. The distribution committed the people to pay taxes and to serve in the military.
But there were exceptions.
Properties of spiritual institutions remained untouched and were exempted of taxes. Land given as a present also remained tax-free. Land received due to a certain rank, as well as land that had been put at somebody's disposal as means of income, only had to pay rice tax. The same applied for land that had been distributed due to special merit.

Common landowners could escape the tax burden and military service by handing their land over to a landowner, who was either exempted or only paid reduced taxes by paying an annual fee, which was lower than the actual taxation.

Samurai: those who serve

Thus, the basis was created for new large-scale land holding and establishment of clans. When the general military service was finally abolished, the duties of policing were transferred to the rich local landowners. Among these, there were descendants of the imperial family, who had moved to the countryside because they had no chance of obtaining a position at the court. Economic dependency leads to the devel-

Gewöhnliche Landbesitzer konnten sich der Steuerlast und dem Militärdienst entziehen, indem sie ihr Land einem von Steuern befreiten oder steuerlich begünstigten Grundherrn übergaben und diesem jährlich eine Summe zahlten, die geringer als die eigentlich zu entrichtende Steuer war.

Samurai: die, die dienen

Damit war die Grundlage für neuen Großgrundbesitz und für neue Klanbildungen geschaffen. Als man schließlich die allgemeine Wehrpflicht fallenließ, wurden reich gewordene örtliche Landbesitzer mehr und mehr mit der Wahrnehmung der Sicherheit beauftragt. Unter diesen waren Abkömmlinge der kaiserlichen Familie, die in die Provinz gegangen waren, weil sie am Hof nichts werden konnten. Aus dem wirtschaftlichen Abhängigkeitsverhältnis erwuchs in der Folge auch eine militärische Struktur mit erblicher Vasallenschaft; deren Angehörige nannten sich selbst Samurai, »die, die dienen«. Zwei auf diese Weise um eine Kernfamilie gebildete Klans wurden in der Geschichte berühmt: Der eine, der Taira-Klan, bildete sich um einen Enkel Kaiser Kammus, und der andere, der Minamoto-Klan, um einen Enkel des Kaisers Seiwa.

Samurai-Härte

Die Sitten der Samurai waren rauh und die Härte auch gegen sich selbst überwältigend. Der Kopf des Gegners bildete den üblichen Erfolgsnachweis. Vom 11. Jahrhundert an häufen sich die Berichte über außergewöhnliche Taten; dieser gehört dazu:

Ein sechzehnjähriger Knabe namens Kamakura Gongorô Kagemasa wurde während eines Gefechts von einem Pfeil ins Auge getroffen. Er brach in Ruhe den Schaft ab und erschoß den Schützen. Ein Mitstreiter versuchte in einer Kampfpause, die Pfeilspitze herauszuziehen, aber das gelang ihm erst, nachdem er seinen Fuß auf das Gesicht des Verwundeten gesetzt hatte und mit ganzer Kraft ziehen konnte. Der Jugendliche protestierte, der Fuß im Gesicht eines Samurai sei eine schwere Beleidigung, für die mit dem Tod gebüßt werden müsse.

Nachfahren des Jugendlichen riefen diese Geschichte voller

opment of a military structure with hereditary vassals; the members called themselves Samurai 'those, who serve'. Two clans, that had developed around a nucleus, stood out in the history of Japan: The Taira Clan, which had developed around a grandson of Emperor Kammu, and the Minamoto Clan, formed around the grandson of Emperor Seiwa.

Samurai-Strength

The customs of the samurai were rough and the harshness towards themselves overwhelming. The head of the opponent constituted the usual proof of victory. From the 11th century onwards accounts, as the following one, of incredible deeds, became more frequent:

During a battle a sixteen year old boy called Kamakura Gongorô Kagemasa was hit in his eye by an arrow. He calmy broke the shaft off and killed the archer. A comrade-in-arms tried to pull out the arrow head during a pause of battle; but he only succeeded in doing so, after placing his foot on the face of the wounded in order to pull it out with all his strength. The youngster protested that a foot in the face of a samurai was a massive insult, that should be atoned for with death.

Descendants of the young man quoted the story full of pride to intimidate the opponents just before a battle, for instance at the first battle between the Taira and Minamoto in 1156. Other warriors called out the names of famous ancestors.

Stolz zur Einschüchterung bei Kampfbeginn dem Gegner zu, zum Beispiel bei der ersten Schlacht zwischen den Taira und Minamoto 1156. Andere Krieger riefen die Namen berühmter Vorfahren.

Das erste Exempel für die Selbsttötung in der Art des formvollendeten rituellen Hara-kiri ist Minamoto Yorimasas Suizid am Ende der Schlacht an der Brücke des Ujigawa nicht weit von der Phönix-Halle des Byôdô-in in Uji. Er war ein vierundsiebzig Jahre alter Veteran, als er am 20. Juni 1180 zu seinem letzten Gefecht antrat. Verwundet zog er sich schließlich am Tor des Tempels zurück, während die Verfolger, begierig auf seinen Kopf als Trophäe, herandrängten. Seine Söhne schirmten ihn ab. Bevor er den Dolch ansetzte, schrieb er als Abschiedsgedicht diese Zeilen:
»Wie das eines verdorrten Baumes, von dem wir keine Blüten pflücken, war mein Leben, traurig, bestimmt, keine Frucht zu bringen.«[48]
Ein Gefolgsmann versenkte den Kopf im Fluß, wo er nicht gefunden werden konnte.

1180: der Brand des Tôdai-ji

Im Dezember desselben Jahres setzte Taira Shigehira im Zuge seines Angriffs gegen Kôfuku-ji und Tôdai-ji in Nara die Halle des Großen Buddha in Brand. Im Heike Monogatari heißt es darüber: »Die kolossale Statue des Buddha Vairochana aus Kupfer und Gold, deren gewölbter Kopf zu den Wolken emporragte und an deren hoher Stirn das heilige Juwel schimmerte, schmolz mit der Hitze, so daß die vollmondrunden Gesichtszüge zu Boden fielen und der Körper zur gestaltlosen Masse wurde ... gewiß hatte es nie zuvor eine solche Zerstörung gegeben ... Selbst der Tau auf dem Berg Kasuga wechselte seinen Farbton, und der Wind heulte klagend um den Berg Mikasa.«[49]
Dreitausendfünfhundert Menschen starben in den Flammen, die die Tempel vernichteten. Nur das kaiserliche Schatzhaus beim Tôdai-ji, der Shôsô-in, der viele Erinnerungsstücke an Kaiser Shômu barg, entkam den Flammen; es steht bis heute.

The first example of suicide, the perfect elegance of hara-kiri is represented in the suicide of Minamoto Yorimasa at the end of the battle at the bridge of Ujigawa, not far from the Phoenix Hall of the Byôdô-in in Uji. He was a seventy-four year old veteran, when he fought his last battle on 20 June 1180. Wounded he drew back to the gates of the temple, while his pursuers pressed on, eager to have his head as a trophy. His sons shielded him. Before pointing the dagger against himself, he wrote the following lines as a farewell poem:
Like a fossil tree from which we gather no flowers
Sad has been my life, fated no fruit to produce.[48]
A faithful liege man drowned the head in the river, where nobody would find it.

1180: Tôdai-ji in flames

In December of the same year, Taira Shigehira, during his attack on Kôfuku-ji and Tôdai-ji in Nara, set the Hall of the Big Buddha on fire. As the Heike Monogarari recounts:
" ...the colossal statue of Vairochana Buddha of copper and gold, whose domed head towered up into the clouds, from which gleamed the sacred jewel of his lofty forehead, fused with the heat, so that its fullmoon features fell to the pavement below, while its body melted into shapeless mass...surely never before had there been such a destruction...Even the dew of Mount Kasuga changed its hue, and the wind howeled mournfully on Mount Mikasa."[49]
Three thousand five hundred people died in the flames that destroyed the temple. Only the Shôsô-in, the Imperial Storehouse, in which many commemorative objects of Emperor Shômu were kept, survived the blaze; it has survived to this day.

1192: Minamoto Yoritomo takes up office as Shôgun

The war between the Taira and Minamoto ended on 25 April 1185, with the sea battle at Dan-no-ura. The Taira were devastated. Minimoto Yoritomo became the leading man of Japan. He chose Kamakura as the seat for his military government, and from 1192 he bore the title Shôgun. Jealousy

1192: Minamoto Yoritomo wird Shôgun

Der Krieg der Taira und Minamoto endete am 25. April 1185 mit der Seeschlacht bei Dan-no-ura. Die Taira wurden vernichtend geschlagen. Der starke Mann Japans hieß nun Minamoto Yoritomo. Er wählte Kamakura als Sitz der Militärregierung und führte ab 1192 den Titel Shôgun. Seinen im Krieg erfolgreichen Bruder Yoshitsune ließ er aus Eifersucht und Mißtrauen vier Jahre lang verfolgen. Yoshitsune beging schließlich Selbstmord. Eine Legende sagt, er sei zum Festland entkommen.
In dieser Periode des Umbruchs wurde der Zen-Buddhismus erneut nach Japan übertragen und fand vor allem unter den Samurai Resonanz.

Die Anrufung Amida Buddhas

Die mittlere Heian-Zeit (951-1081) wird auch Fujiwara-Periode genannt, da die Familie Fujiwara im Namen des Kaisers die Macht ausübte. Sie war mit dem Kaiserhaus verwandtschaftlich engstens verflochten. Zwischen 724 und 1900 hatten vierundfünfzig Kaiser Mütter aus dieser Familie. Als Fujiwara Michinaga, der Erbauer des Hôjô-ji, sein Ende nahen fühlte, ließ er sich in der Amida-Halle dieses Tempels durch Fäden mit den Händen der neun aufgereihten Amida-Statuen verbinden. So starb er im Vertrauen auf die Hilfe des Herrn des Westlichen Paradieses.

Ennin (794-864), der Schüler und Nachfolger Saichôs auf dem Berg Hiei, hatte, als er 847 aus China zurückkam, das Nembutsu, die Anrufung Amida Buddhas, im Enryaku-ji eingeführt, und Kûya (903-972), der ebenfalls Mönch dieses Klosterzentrums war, hatte sich als einer der ersten der weiten Verbreitung des vertrauensvollen Glaubens an Amida gewidmet. Tanzend zog er, »der Heilige der Straßen«, durchs Land, sang die Anrufung »Namu Amida Butsu« – Verehrung dem Buddha Amida – und Verse wie diesen:

»Ich habe sagen hören,
Das Paradies sei ein weit, weit entferntes Land.
Aber die, die dorthin gelangen möchten,
können es in einem Tag erreichen.«[50]

and mistrust led him to persecute his brother Yoshitsune, who had been successful in the war, for four years. Yoshitsune finally committed suicide. In a legend he is said to have escaped to the mainland.
In this period of radical changes, Zen Buddhism was again brought to Japan and was particularly popular among the samurai.

Invocation of the Buddha Amida

The middle Heian period (951-1081) known as Fujiwara, as the family Fujiwara ruled in the name of the emperor. The family was closely related to the imperial court. Between 724 and 1900 the mothers of 54 emperors were from this family. When Fujiwara Michinaga, the builder of the Hôjô-ji, felt the end of his life nearing, he had his hands linked with threads to the nine Amida statues, standing in the Amida Hall. He so died, confident of the support of the master of the Western Paradise.

Ennin (794-864), disciple and successor of Saichô on Mount Hiei, introduced the nembutsu, the invocation of Amida to the Enryaku-ji, after his return from China in 847.
Kûya (903-972), who was also a monk at this monastic centre, was one of the first to dedicate his life to spreading of the trustful belief in Amida throughout Japan. Dancing he, "The Saint of the Streets", travelled throughout the country singing the invocation "Namu Amida Butsu" – worship the Buddha Amida – and verses as this one:

"A far, far distant land
Is Paradise,
I've heard them say;
But those who want to go
Can reach there in a day."[50]

The monk Genshin (942-1017) of the Enryaku-ji, spread the worship of Amida as an author and artist. He compiled a book about the essentials of enlightenment, which found recognition in China and was also widely read in Japan. He introduced new themes into art:
The splendour of paradise, the anguish of hell and the blissful meeting of the dying by the Buddha Amida.

Der Enryaku-ji-Mönch Genshin (942-1017) verbreitete die Amida-Verehrung als Autor und als Künstler. Er verfaßte ein Buch über das, was für die Erlösung wesentlich sei, welches in China Anerkennung fand und in Japan viele Leser hatte, und er führte neue Themen in die Malerei ein: die Herrlichkeiten des Paradieses, die Qualen der Hölle und die glückerfüllte Abholung des Entschlafenden durch Amida-Buddha.

Ein Heilsweg für jedermann

Erst mit Hônen (1133-1212), der Jahrzehnte lang als Mönch auf dem Berg Hiei gelebt hatte, wurde der Amida-Buddhismus in Japan zu einer eigenen Schulrichtung. Zum erstenmal stand damit der Buddhismus als Heilsweg jedermann, Männern wie Frauen, im normalen Leben ohne besondere religiöse Schulung und Disziplin offen. Hônen erklärte, die Anrufung Amidas und das Vertrauen auf seine Hilfe sei allen anderen religiösen Praktiken überlegen. Mönche des Enryaku-ji verbrannten alle erreichbaren Exemplare und die Druckstücke des Buches, in dem Hônen seine Auffassung dargelegt hatte.

Die Zen-Schule

1253: der Kenchô-ji als erster eigenständiger Rinzai-Zen-Tempel vollendet

Die Übertragung des Zen-Buddhismus von China nach Japan erfolgte schrittweise. Die Zen-Meditation war um 1200 eine seit langem bekannte buddhistische Übung neben anderen. Mit Eisai (1141-1215) und Dôgen (1200-1253) aber begannen die Schulbildungen nach chinesischem Vorbild. Wir konzentrieren uns im weiteren auf die für die japanische Kultur äußerst folgenreiche Rinzai-Schule. In den Klöstern, denen Eisai vorstand, erhielt der Zen-Weg den Vorrang, und 1253 wurde in Kamakura der Kenchô-ji als erster eigenständiger Rinzai-Zen-Tempel vollendet. Doch erst mit Nampo Jômyô (1235-1308), dem als Daiô Kokushi bekannten »eigentlichen Patriarchen des japanischen Rinzai-Zen«,[51] trat der Zen-Buddhismus gleichberechtigt neben die alten buddhistischen Richtungen.

Salvation for everyone

It was Hônen (1133-1212), who had lived on Mount Hiei for decades, who established Amida Buddhism as an actual school in Japan. It was the first time in Buddhist teachings, that salvation was possible for everybody, men as well as women, without any particular religious background or discipline. Hônen stated that the invocation and the trust in the help of Amida was superior to all other religious practices. Monks of the Eryaku-ji burned all copies of the book they could obtain, in which Hônen expounded his views.

The Zen School

1253: Completion of the first separated Rinzai-Zen-Temple Kenchô-ji

Zen Buddhism, which originated in China, gradually emerged in Japan. By about 1200, Zen meditation just like other Buddhist practises had already been known for a long time. Education according to the Chinese model began with Eisei (1141-1215) and Dôgen (1200-1253). We will also concentrate on the Rinzai Zen School, momentous for Japanese culture. In the monasteries over which Eisei presided, the Way of Zen had priority. In 1253, the Kenchô-ji in Kamakura was the first Rinzai Zen temple to be completed. But only with Nampo Jômyô (1235-1308), known as Daiô Kokushi the "actual patriarch of the Japanese Rinzai Zen"[51], Zen Buddhism appeared to have an equal position next to old Buddhist teachings.
The alignment of Gate, Buddha and Dharma Halls on a north-south axis, the bells and gongs, the four daily meditation sessions; prayer ceremonies in the Buddha Hall and kôan discussions in the Dharma Hall, as well as the clothing. The monks studied the Chinese language. Lan-hsi Tao-lung (in Japanese Rankei Dôryû, 1213-1278), the founding abbot and one of the first Chinese Zen masters to come to Japan, attached great importance to unceasing meditation. He did not value literary occupation; this attitude was to change completely in later years.

Alles im Kenchô-ji spiegelte chinesischen Brauch: die Reihung von Tor, Buddha- und Dharma-Halle auf einer Nord-Süd-Achse; die Glocken und Gongs; der Tagesablauf mit vier Meditationszeiten; Gebetszeremonien in der Buddha-Halle und Kôan-Erörterungen in der Dharma-Halle; außerdem die Kleidung. Die Mönche studierten die chinesische Sprache. Lan-hsi Tao-lung (japanisch Rankei Dôryû, 1213-1278), der Gründerabt und der erste der chinesischen Zen-Meister, die nach Japan kamen, legte Wert auf unermüdliche Meditation; literarische Beschäftigung hielt er nicht für förderlich, eine Einstellung, die sich in späterer Zeit gründlich ändern sollte.

Staatliche Aufsicht

Hôjô Tokiyori (1227-1263) und seine Nachfolger sahen als Regenten der Militärregierung in Kamakura die Entwicklung des Rinzai-Zen mit Wohlwollen, und den Mönchen war sowohl an der Anerkennung als auch am Schutz sehr gelegen. Im späten 13. Jahrhundert wurde unter den Hôjô-Regenten nach chinesischem Muster eine staatlich geförderte dreistufige Hierarchie von bedeutenden Rinzai-Tempeln eingerichtet. An ihrer Spitze standen die Gozan, die Fünf Berge, ihnen folgten die Jissetsu, die Zehn Tempel, und die Shozan, eine Anzahl größerer Tempel. Die Klöster des Gozan-Systems genossen Privilegien und hohes Ansehen und standen bis zum Niedergang des Ashikaga-Shôgunats unter Yoshimasa der Militärregierung nahe. Diese achtete auf die Einhaltung der klösterlichen Ordnung und schritt bei Übertretungen ein, zum Beispiel um 1352: »Bis jetzt«, so heißt es in einer Verlautbarung, »haben sich Mönche bei Tag und Nacht beliebig außerhalb des Tempels herumgetrieben und zwar in der Absicht, im Tempelbezirk mit Geldverleih Geschäfte zu machen. Solche Aktivitäten haben sich vervielfacht, und es sind Gerüchte entstanden. Dieses Verhalten bewirkt eine Abkehr vom Gesetz Buddhas und muß getadelt werden.«[52]

Die wirtschaftliche Grundlage

Die Größe der Klöster erforderte eine solide wirtschaftliche Grundlage. Zum Tôfuku-ji etwa gehörten im frühen 15. Jahrhundert mehr als sechshundert Mönche. Die Basis einer

Under state control

Hôjo Tokiyori (1227-1263 and his successors, the regents of the military government in Kamakura, regarded the development of the Rinzai Zen benevolently; the monks appreciated the acceptance as well as the protection. In the late 13th century, the Hôjo regents developed a state-nurtured three-level hierarchy, after the Chinese model of important Rinzai temples. The gozan, the Five Mountains stood at the top, followed by the Jissetsu, the Ten Temples, and the Shozan, a number of larger temples. The monasteries of the gozan system enjoyed numerous privileges and a high reputation; they were close to the military government until the downfall of the Ashikaga Shôgunate of Yoshimasa. It was their responsibility to maintain monastic discipline and to act upon misdemeanour; for instance, the following can be read in an announcement of 1352: "Up to now the monks have wandered about day and night outside the temple at will. They have schemed to make money in the temple precincts and such moneylending activities have multiplied. This has become a subject of rumours, causing a decline from the Buddha's law, and must be admonished."[52]

The economical basis

The size of the monastery required a solid economic basis; for instance over six hundred monks belonged to the Tôfuku-ji in the early 15th century. The monastery's main source of income was agriculture. Followed by donations of buildings and construction of buildings, remunerations for texts, paintings and statues, fees for funerals and ceremonies, gains from foreign trading and from sales of monastic products, market fees as well as interest from money lending, pilgrimages and brewing of sake.

Monasteries as cultural centres

Due to their high level of education, the monks of the gozan monasteries were regarded as the intellectuals of that period. The monasteries were centres of the Chinese educational system. Here, the arts of poetry, philosophy, calligraphy, ink

Klosterökonomie bildete das Einkommen aus Ländereien. Hinzu kamen Schenkungen für den Erhalt und Bau von Gebäuden, Entgelte für Texte, Bilder und Statuen, Gebühren für Beerdigungen und Zeremonien, Einkünfte aus Außenhandelsunternehmungen und aus dem Verkauf von Klosterprodukten, außerdem Marktgebühren sowie Erträge aus Geldleihgeschäften, Bittgängen und dem Brauen von Sake.

Die Klöster als Bildungszentren

Dank ihres hohen Bildungsstandes zählten die Mönche der Gozan-Klöster zu den Intellektuellen ihrer Zeit. Die Klöster waren Zentren des chinesisch geprägten Bildungswesens. Hier pflegte man Dichtkunst und Philosophie, Kalligraphie, Tuschmalerei, Gartenkunst; man kannte die chinesischen Klassiker und die chinesische Geschichte. So lag es nahe, daß Zen-Mönche Shôgunen und Kaisern als kulturelle und politische Ratgeber dienten und im Verkehr mit China hilfreich waren. Heinrich Dumoulin würdigt die politische Bedeutung des Gozan-Systems, indem er zusammenfassend sagt: »Die Organisation der Gozan-Tempel der Rinzai-Schule hat mit ihren politischen, gesellschaftlichen, wirtschaftlichen Implikationen einen unübersehbaren Beitrag zugunsten des Staatsapparats der Epoche geleistet.«[53] Das Ende der großen Epoche der Gozan-Institution fällt in die Zeit Ashikaga Yoshimasas (1435-1490). In Kyôto entging nur der Tôfuku-ji der Vernichtung im Ônin-Krieg (1467-1477). Eine letzte wichtige Rolle spielten Mönche der Gozan-Tradition in dem kulturellen Ambiente, das sich Yoshimasa mit dem Palast schuf, zu dem der Silberne Pavillon gehörte. Im 16. Jahrhundert entwickelte sich schließlich in den Gozan-Klöstern ein Lebensstil, »in dem sich viel eitler Pomp, Rivalitäten, Gewinnsucht, Erschlaffung der Mönchszucht und andere Mißstände breit machten«.[54]

Der Daitoku-ji im 14. und 15. Jahrhundert

Als mit dem Machtverlust der Ashikaga-Shôgune die Gozan-Institution ihre Bedeutung verlor, begann das Goldene Zeitalter des stets dem Kaiserhaus verbundenen Daitoku-ji. Sein Gründer war Shûhô Myôchô (1282-1338), der unter

painting and horticulture were cultivated; the Chinese classics as well as Chinese history were known. Thus, it was obvious that the Zen monks served the Shôguns and emperors as cultural and political advisors; they were also helpful in the relations with China. Heinrich Dumoulin describes the political importance of the gozan system as follows: "The organisation of the gozan system of the Rinzai School made an obvious contribution to the state apparatus of the epoch with their political, social and economic implications."[53] The end of the great era of the gozan institutions came during the rule of Ashikaga Yoshimasa (1467-1477). The monks of the gozan tradition played a last important role in the cultural ambiente that Yoshimasa created in his palace, to which the Silver Pavillion belonged. In the 16th century, a lifestyle developed in the gozan monasteries that Dumoulin describes to be: "Development of vain pomp, rivalry, profit seeking, dwindling discipline of the monks and other deplorable defects in the system."[54]

The Daitoku-ji in the 14th and 15th Century

When the Ashikaga Shôgunate lost its political power, the gozan institutions lost their significance. This was the beginning of the Golden Age of the Daitoku-ji, which had always been closely linked to the imperial court. Shûhô Myôchô (1282-1338), also known under the title Daitô Kokushi, was the founder. When he was twenty-five, Daiô Kokushi, the actual patriarch of the Japanese Rinzai Zen School, approved his dharma succession. After the death of his master in 1308, Daitô lived in a small Tendai hermitage and earned his living by begging at the Gojô Bridge in Kyôto. In 1314, Emperor Hanazono noted the following in his diary:"At nightfall Minister Hino Toshimitsu visited together with a monk.....Our conversation lasted throughout the night. His understanding of Zen life really goes beyond the ordinary. It is wonderful."[55] In the same year, the monk Daitô moved in to a small house, probably provided by some relatives of his mother's; he called it Daitoku-an, Hermitage of great Virtue. In 1324, Emperor Go Daigo donated land to build a large temple, which was inaugurated on 8 December 1326 as the Daitoku-ji. On 24 August 1333, Emperor Go Daigo personally confirmed the high rank of the newly

dem Ehrentitel Daitô Kokushi bekannt ist. Als Fünfundzwanzigjähriger wurde er von Daiô Kokushi, dem eigentlichen Patriarchen der japanischen Rinzai-Zen-Schule, als Dharma-Nachfolger bestätigt. Nach dem Tod seines Meisters (1308) lebte Daitô in einer kleinen Tendai-Eremitage und bestritt seinen Lebensunterhalt, indem er an der Gojô-Brücke in Kyôto bettelte. 1314 notierte Kaiser Hanazono in sein Tagebuch: »Als es Nacht wurde, besuchte mich Minister Hino Toshimitsu in Begleitung eines Mönchs ... Unsere Unterhaltung dauerte die ganze Nacht. Sein Verständnis des Zen geht wirklich über das gewöhnliche hinaus. Es ist wunderbar.«[55] Der Mönch, Daitô, zog im selben Jahr in ein kleines Haus, das ihm wahrscheinlich Verwandte der Mutter zur Verfügung stellten, und nannte es Eremitage der Großen Tugend, Daitoku-an. 1324 schenkte Kaiser Go Daigo Land für den Bau eines großen Tempels, der als Daitoku-ji am 8. Dezember 1326 geweiht werden konnte. Am 24. August 1333 bestätigte Kaiser Go Daigo eigenhändig den hohen Rang der Neugründung als kaiserlicher Tempel: »Der Daitoku-ji ist nun an die Spitze aller Zen-Tempel gestellt ... Das ist angemessen, weil im Daitoku-ji die Kaiserliche Weisung gilt. Niemand von außerhalb kann die Nachfolge des Abtes antreten.«[56]

Go Daigo versuchte 1333, die Macht im Staat wieder für das Kaiserhaus zurückzugewinnen. Er verlor, als sich sein eigener General Ashikaga Takauji 1336 gegen ihn stellte und das Ashikaga-Shôgunat begründete, zu dem Daitô keine enge Beziehung aufnahm. Der vertriebene Kaiser hatte dem kaiserlichen Tempel ein hohes Einkommen gewährt; das verringerte sich in der Folge ohne die Unterstützung des Shôgunats drastisch. 1371 scheinen die Einkünfte nur für etwa dreißig Mönche und Dienstleute ausgereicht zu haben, eine Anzahl, die sich neben der damals mehr als tausend Personen umfassenden Gemeinschaft des Nanzen-ji äußerst bescheiden ausnimmt.

In die 1341 von der Militärregierung herausgegebene revidierte Liste der Gozan-Klöster war der Daitoku-ji nicht einbezogen. 1385 wies Ashikaga Yoshimitsu ihm einen neunten Platz auf der zweiten Rangstufe des Systems zu. Nach mehreren Versuchen wurde dem Tempel schließlich erlaubt, aus der Institution auszuscheiden. Von diesem Zeitpunkt an durften die Äbte die vom kaiserlichen Hof gewährte Purpurrobe tragen.

founded temple as an imperial temple: "Daitoku-ji. Among all Zen temples, is now placed at the very top... This is appropriate as the Imperial Order rules within the Daitoku-ji. No one from outside can succeed to its abbotship."[56]

In 1333, Go Daigo tried to regain the state power for the imperial court. He lost when in 1336 his own general Ashikaga Takauji opposed him and founded the Ashikaga Shôgunate, to which Daitô had no close ties. The high income, which had been granted by the expulsed emperor, dwindled drastically without the support of the Shôgunate. In 1371, the income appears to have been reduced to the support of approximately thirty monks and staff, a number which appears to be most humble in comparison to the community of the Nanzen-ji, which amounted to more than one thousand. Daitoku-ji no longer figured in the revised list of gozan temples, issued by the military government in 1341. In 1385, Ashikago Yoshimitsu assigned the temple the ninth position of the second level. After several attempts, the temple was finally allowed to leave the system. From then on the abbots were allowed to wear purple robes, approved by the Imperial House.

Im 15. Jahrhundert wurde der Daitoku-ji zweimal Opfer der Flammen, zum ersten Mal 1453. Yôsô Sôi (1379-1458) trug als Abt die Last des Wiederaufbaus. Er war äußerst erfolgreich, als er versuchte, unter den Kaufleuten von Sakai Stifter zu finden. Er ging bei seinen Bemühungen um die Verbreitung des Zen und um Gelder für den Tempel so weit, Meditationstreffen für große Mengen von Laien durchzuführen, bei denen Kôan durch »esoterische Übertragung«[57] gelöst und Zertifikate zur Bestätigung der Erleuchtung ausgegeben wurden. Für Ikkyû Sôjun (1394-1481), der nach der zweiten Zerstörung des Daitoku-ji im Ônin Krieg (1467-1477) im hohen Alter den Wiederaufbau in die Hand nahm, war das Prostitution des Zen durch Verkauf des Dharma.

In the 15th century, the Daitoku-ji twice fell victim to fire, the first time was in 1453. It was the duty of the abbot Yôsô Sôi (1379-14589 to see to its rebuilding. He was very successful in finding donors among the merchants of Sakai. His efforts to spread Zen and to collect money for the temple went so far that he organised meditation meetings for a large number of laymen, in which the kôan were solved by "esoteric conferral"[57] and certificates of confirmation of enlightenment distributed.
For Ikkyû Sôjun (1394-1481), who in his old age was assigned, to rebuild the Daitoku-ji after its second destruction during the Ônin War (1467-1477), this was prostitution of Zen by selling the dharma.

Der Ônin-Krieg, Ashikaga Yoshimasa und der Higashiyama-Palast

Ônin ist die Ära-Bezeichnung für die kurze Periode von 1467 bis 1469. Sie gab den Namen für den von 1467-1477 dauernden sinnlosen Bürgerkrieg, der die zuvor blühende Kaiserstadt Kyôto weitgehend zerstörte. Es wird angenommen, daß die Kapitale bei Ausbruch des Konflikts 200.000 Einwohner hatte und daß an den auf Kyôto konzentrierten Kämpfen, die auch auf die Provinzen übergriffen, wahrscheinlich 276.000 Mann beteiligt waren.[58]
Die wichtigsten Personen dieses Krieges waren der Shôgun Ashikaga Yoshimasa (1436-1490) und die Herren Yamana Mochitoyo (1401-1473) und Hosokawa Katsumoto (1430-1473), Schwiegervater und Schwiegersohn. Daß ausgerechnet die Kaiserstadt Kriegsschauplatz wurde, war eine Folge der Verlegung des Regierungssitzes von Kamakura in Kyôtos nördlichen Stadtteil Muromachi durch den ersten Ashikaga-Shôgun Takauji (1305-1358). Auch die meisten der großen Kriegerfamilien hatten sich im Norden der Stadt niedergelassen, unter ihnen als die mächtigsten die Yamana und die Hosokawa.

The Ônin War, Ashikaga Yoshimasa and the Higashiya Palace

Ônin stands for an era, which marks a short period of time from 1467 to 1469. The name was then transferred to the pointless civil war of 1467-1477, which completely destroyed the imperial city of Kyôto. It is assumed that the capital had 200 000 inhabitants at the outbreak of the conflict, and that approximately 276 000 men were involved in the battles, which largely concentrated on Kyôto, but the surrounding provinces were also affected.[58]
The prominent persons of this war were the Shôgun Ashikaga Yoshimasa (1436-1490), Yamana Mochitoyo (1401-1473) and his son-in-law Hosokawa Katsumoto (1430-1473). The reason for the war taking place in the imperial city was due to the transposal of the government of Kamakura to Muromachi, the northern part of Kyôto by Takauji (1305-1358), the first Ashikaga Shôgun. Many of the important warrior families, among them the Yamana and Hosokawa being the most powerful, had also settled down in the northern area of the city.

Ashikaga Yoshimasa

Yoshimasa war 1443 als siebenjähriger Knabe Shôgun geworden. Er entwickelte sich zu einem Ästheten, der seiner Leidenschaft für die Künste und die Schönheit lebte, Unsummen für Vergnügungen ausgab und für die Angelegenheiten des Staates wenig Interesse aufbrachte. Als etwa Achtundzwanzigjähriger plante er, sein Amt niederzulegen. Da seine Frau Hino Tomiko (1440-1496) ihm bisher nur zwei Töchter geboren hatte, benannte er seinen bis dahin im Kloster lebenden Bruder Yoshimi (1439-1491) als Nachfolger. Ein Jahr später gebar seine Frau ihm einen Sohn, der den Namen Yoshihisa (1465-1489) erhielt. Die Mutter beeilte sich, das Recht auf die Nachfolge im Shôgunat für ihren Sprößling geltend zu machen. Bei den jetzt entstehenden Spannungen ergriff Yamana für Yoshihisa Partei, während Hosokawa sich für Yoshimi einsetzte. Yamana wurde der Rote Mönch genannt, da er zu Wutausbrüchen neigte, bei denen sein Gesicht purpurrot anlief, und weil er 1441 in den Priesterstand eingetreten war; er trug seitdem den Namen, unter dem er bekannt wurde: Yamana Sôzen. Sein Schwiegersohn Hosokawa war ruhigeren Temperaments. Ende Mai 1467 begannen die Kämpfe, gefolgt von Plünderung und Brandstiftung. Als Ende Oktober einer der fünf Haupttempel des Gozan-Systems, der Shôkoku-ji, in Flammen aufging, ließ sich Yoshimasa in der Nachbarschaft bei einem Trinkgelage durch die Feuersbrunst nicht aus der Ruhe bringen; Stephen Turnbull meint, es sei kaum übertrieben zu sagen, »daß Yoshimasa fiedelte, während Kyôto brannte«.[59] Gegen Ende des Jahres 1467 schrieb ein Beamter des Shôguns: »Die blühende Hauptstadt, von der wir glaubten, sie würde ewig existieren, ist zu unserer Überraschung ein Schlupfwinkel für Füchse und Wölfe geworden«.[60] Die Feinde Yamana und Hosokawa starben beide 1473. Als 1477 die Truppen endlich abzogen, trieben in den bisher verschonten Bezirken Banden ihr Unwesen. Der Krieg hatte kein anderes Ergebnis als die fürchterliche Zerstörung. Yoshihisa war 1474 zum Shôgun ernannt worden, und Yoshimasa hatte die Regierungsgeschäfte für den Neunjährigen weitergeführt.

Ashikaga Yoshimasa

In 1443, Yoshimasa was made Shôgun at the age of seven. He developed into an aesthete, who lived his passion for art and beauty, spent vast sums of money for pleasure, and was not interested in state affairs. At the age of approximately twenty-eight, he decided to give up office. As his wife Hino Tomiko (1440-1496) had to this point only given him two daughters, he appointed his brother Yoshimi (1439-1491), who until then had lived in a monastery, as his successor. A year later, his wife gave birth to a son who was given the name Yoshihisa (1465-1489). The mother hurried to assert the right of succession of the Shôgunate for her son. In the developing tension, Yamana sided with Yoshihisa's side and Hosokawa fought to support Yoshimi. Yamana was called the Red Monk, because he turned red during outbursts of rage, and because he became a priest in 1441; from that point onward, he was known by the name Yamana Sôzen. His son-in-law had a calmer temperament. Towards the end of 1467, the battle began, followed by looting and arson. When at the end of October the Shôkoku-ji, one of the five main temples of the gozan system, went up in flames, Yoshimasa was unperturbed and continued with a drinking party in the neighbourhood; Stephen Turnbull deems it appropriate to say," Yoshimasa fiddled, while Kyôto burned."[59] Towards the end of the year 1467, an official of the Shôgunate wrote: "The flowery capital that we thought would last for ever has to our surprise become the lair of foxes and wolves."[60] The enemies Yamana and Hosokawa both died in 1473. When the troops finally withdrew in 1477, gangs troubled the provinces that up until then had remained intact. The only result of this war was total destruction. In 1474, Yoshihisa was made Shôgun and Yoshimasa took care of government matters for the nine-year-old.

1482: Bau des Higashiyama-Palastes

1481 trat Yoshimasa in den Priesterstand ein, erhielt den buddhistischen Namen Jishô-in und verließ endgültig die Politik. 1482 entschloß er sich, auf dem Hügel des Tempels der Reinen Erde, Jôdoji yama, im Osten Kyôtos eine Residenz zu bauen, in die er sich zurückziehen wollte. Die Arbeiten begannen im selben Jahr. Gemäß kaiserlichem Dekret hieß der Ruhesitz »Palast der östlichen Hügel«, Higashiyama dono. Hier entfaltete sich unter Mitwirkung von Mönchen der »Fünf Berge« während der acht Jahre, die Yoshimasa noch verblieben, die kurze Blüte der Higashiyama-Kultur. Zwei Gebäude stehen noch heute, der Tôgu-dô und die Kannon gewidmete Kapelle, die als Ginkaku-ji, als Silberner Pavillon, bekannt ist. Nach Yoshimasas Tod wurde der Higashiyama-Palast gemäß dem letzten Willen des Verstorbenen in einen Rinzai-Zen-Tempel umgewandelt, der im Gedenken an den Stifter den Namen Jishô-ji bekam und heute als Ginkaku-ji, als Silberner Pavillon-Tempel, populär ist.

Japan war nach dem Ônin-Krieg nicht befriedet. Es begann vielmehr das »Zeitalter des Landes im Krieg«, das bis zum Ende des 16. Jahrhunderts dauerte. Das weitere Schicksal des Ginkaku-ji bis zum frühen 17. Jahrhundert stellt sich nach Nicolas Fiévé so dar: Gebäude und Garten verfielen rasch. 1585 erwarb Konoe Sakihisa das Anwesen, richtete es ein wenig wieder her und lebte dort, der Kunst und der Poesie ergeben, bis zu seinem Ende 1612. 1615 ließ der Daimyô von Tamba es gründlich restaurieren; dabei kam es zu weitreichenden Veränderungen. Die »Plattform gegenüber dem Mond« und das »Silbersandmeer« datieren in ihrer heutigen Form wahrscheinlich aus dieser Zeit.[61]

Die Blütezeit des Daitoku-ji im 16. Jahrhundert

1474 übernahm Ikkyû als achtzigjähriger Abt die schwere Aufgabe, den völlig zerstörten Daitoku-ji wieder aufzubauen. Der außergewöhnliche Mann hatte ein bewegtes Leben hinter sich. Er soll das Erleuchtungszertifikat, das ihm sein Meister, der Daitoku-ji-Abt Kasô Sôdon (1352-1428) zur Bestätigung übergab, verbrannt haben. Etwa dreißig Jahre zog er als Wandermönch durchs Land. Eine der Anekdoten,

1482: Building Higashiyama-Palace

Yoshimasa abandoned politics and became a priest in 1481; he was given the Buddhist name Jishô-in. In 1482, he decided to build a retreat on the hill of the Temple of the Pure Earth, Jôdoji yama, in the east of Kyôto. Construction began that same year. According to an imperial decree, the retreat was called "Palace of the Eastern Mountain", Higashiyama dono. During the eight remaining years of Yoshimasa's life, the short period of heyday of the Higashiyama culture developed, in which the monks of the "Five Mountains" were involved. Two buildings still stand today: the Tôgu-dô and Ginkaku-ji, the Silver Pavilion, dedicated to Kannon. According to Yoshimasa's last will the Hiashiyama Palace was turned into a Rinzai Temple, which was named Jishô-ji, in commemoration of its donor; today, it is known as Ginkaku-ji, the Silver Pavillion Temple.

Japan was by no means at peace after the Ônin War; in fact what was called the "Era of the Country at War" began right afterwards and lasted until the end of the 16th century. Nicolas Fiévé describes the further destiny of the Ginkaku-ji up to the beginning of the 17th century as follows: "The buildings and garden deteriorated rapidly. After buying the estate in 1585, Konoe Sakihisa refurbished it somewhat and lived there, dedicated to art and poetry, until his death in 1612. In 1615, the Daimyô of Tamba had it thoroughly restored, which resulted in substantial changes. The "Platform opposite the Moon" and the "Silver Sand Sea" as seen today probably date back to that period.[61]

The Heyday of the Daitoku-ji in the 16th Century

In 1474 eighty-year-old abbot Ikkyû took up the task of rebuilding the completely destroyed Daitoku-ji. This exceptional man had had a very eventful life. He is said to have burnt the certificate of Enlightenment given to him as a sign of recognition by his master, Kasô Sôdon (1352-1428), the abbot of the Daitoku-ji. He spent thirty years as a wandering monk. The following is one of many anecdotes about this eccentric personality: "He was given half a penny when begging in a torn shirt at the door of a rich landlord. After that

die über die exzentrische Persönlichkeit erzählt werden, ist diese: Es »wurde ihm einmal an der Tür eines reichen Hausherrn, als er im zerlumpten Hemd bettelte, ein halber Pfennig gereicht. Danach besuchte er das Haus des Reichen im violetten Amtsornat. Man führte ihn ins innere Gemach und bot ihm ein vornehmes Mahl an. Da erhebt er sich von der Tafel, legt sein Prachtgewand ab und stellt das Tischlein mit den ihm bereiteten Speisen vor das leere Kleid. Denn das heutige Festessen, so erklärt er, gilt nicht mir, sondern dem Kleid.«[62] Wie vor ihm Yôsô konnte Ikkyû reiche Kaufleute aus Sakai als Stifter gewinnen. Der Kaufmann Ôwa Sôrin übernahm zum Beispiel die meisten Kosten für den Wiederaufbau des Abtsquartiers, der Buddha-Halle, der Dharma-Halle und einiger Subtempel. Die Blütezeit des Daitoku-ji begann.

Außer den Kaufleuten trugen Daimyô, Dichter und Tee-Meister zu der Entfaltung bei. Eine Liste der Subtempel aus dem 19. Jahrhundert, die Covell und Yamada veröffentlichten, enthält zweiundvierzig Nennungen, obwohl die Autoren des Daitoku-ji-Buches die Namen einiger nicht mehr existierender und weniger bedeutender Tatchû wegließen.[63] Aus den Entstehungsdaten – so ungesichert sie auch in einigen Fällen sein mögen – ergibt sich ein lebhaftes Bild von der auf Stiftungen basierenden regen Bautätigkeit im 16. und im frühen 17. Jahrhundert. Diese der dort aufgeführten Subtempel existieren noch heute:

Yôtoku-in	1464?
Tokuzen-ji	um 1479
Nyoi-an	1480/1973
Shinju-an	1491
Ryôsen-an	1491-99?
Ryôgen-in	1504?
Daisen-in	1509-1513
Kôrin-in	1533; 1620-1640?
Zuihô-in	1541
Shôju-in	1550?
Jukô-in	1565
Sôken-in	1582
Sangen-in	1588
Ôbai-in	1588
Daikô-in	1591?
Gyokurin-in	1598

he visited the rich man in official violet robes. He was led into the inner chambers, where he was served a rich meal. He rose from the table, took his noble robe off, placed the table with the food, that had been prepared for him in front of the empty robe. He explains that today's feast had not been prepared for him but for the robe."[62] Just as Yôsô had done before, Ikkyû was well able to convince rich merchants to become donors. The merchant Ôwa Sôrin, for instance, bore the costs for the reconstruction of the abbot's living quarters, the Buddha Hall, the Dharma Hall and some of the subtemples. Thus, the heyday of the Daitoku-ji began.

Daimyô, poets and tea masters also contributed to the development of the Daitoku-ji. A list of subtemples from the 19th century, published by Covell and Yamada, contains forty-two names, although the authors of the Daitoku-ji book omitted some names of no longer existing and less relevant tatchû.[63] From the dates of origin, even if some remain unproven, a lively picture emerges of all the construction efforts rendered possible by donations in the 16th and early 17th century. The following of the listed subtemples still exist today:

Yôtoku-in	1464?
Tokuzen-ji	around 1479
Nyoi-an	1480/1973
Shinju-an	1491
Ryôsen-an	1491-99?
Ryôgen-in	1504?
Daisen-in	1509-1513
Kôrin-in	1533; 1620-1640?
Zuihô-in	1541
Shôju-in	1550?
Jukô-in	1565
Sôken-in	1582
Sangen-in	1588
Ôbai-in	1588
Daikô-in	1591?
Gyokurin-in	1598
Kôtô-in	1603
Daiji-in	1603
Ryôkô-in	1606
Hôshun-in	1608
Kohô-an	1621[64]

Kôtô-in 1603
Daiji-in 1603
Ryôkô-in 1606
Hôshun-in 1608
Kohô-an 1621[64]

Der Daitoku-ji wurde zum Zentrum der Tee-Kultur und »viele der Tatchû nahmen den Charakter kultureller Salons an«.[65] Namhafteste Künstler wurden mit Malereien für deren Schiebewände beauftragt.

Die Äbte der Subtempel entstammten in dieser Periode nach Covell und Yamada entweder Familien des Hofadels, reichen Kaufmannsfamilien aus Sakai oder Samurai-Familien mit guten Verbindungen zum Hof. Die beiden Autoren schätzen die damalige Zahl der Bewohner des Daitoku-ji auf insgesamt dreihundert. Daimyô luden Mönche des Klosters als Gründerpriester in ihre Territorien ein, und so kam es, daß im späten 16. Jahrhundert über zweihundert Zweigtempel zum Daitoku-ji gehörten.

Hideyoshi und der Tee-Meister Rikyû

1582 kam ein neuer Mann an die Macht: Toyotomi Hideyoshi (1536-1598). Der bisherige starke Mann, Oda Nobunaga (1534-1582), der das Reich unter seiner Herrschaft einigen wollte, war ermordet worden. Hideyoshi ließ die Trauerfeier im Daitoku-ji halten und baute dort zu Nobunages Gedächtnis den Subtempel Sôken-in. Und er tat noch mehr für den Daitoku-ji: Er sicherte dem Tempel ein solides Einkommen, lud 1585 zahlreiche Daimyô und Städter zu einer aufwendigen Tee-Zeremonie unter Leitung seines Tee-Meisters Rikyû in den Daitoku-ji und errichtete 1588 für seine noch lebende Mutter als späteren Gedächtnistempel und größten aller Tatchû den Tenzui-ji, dessen Malereien und Architektur nach 1868 verkauft wurden.

Doch dann schlug das Wohlwollen in fürchterlichen Zorn um. Und das hing mit dem Weiterbau des Bergtors zusammen. In den 1520er Jahren hatte der Dichter Saiokuken Sôchô (1448-1532) das untere Stockwerk gestiftet, das seitdem nur mit einem provisorischen Dach versehen war. Rikyû bot als inzwischen alter Mann an, die Kosten für das noch fehlende obere Stockwerk zu übernehmen. Als Ausdruck der Dankbarkeit des Tempels wurde dann darin eine lebensgroße

The Daitoku-ji became the centre of tea culture and "many tatchû adopted the character of cultivated parlours."[65] Renowned artists were commissioned to make paintings for the sliding partitions. According to Covell and Yamada, the abbots of the subtemples during this period either came from aristocratic families, rich merchants from Sakai or Samurai families with good connections to the imperial court. The two authors estimate the number of inhabitants at the Daitoku-ji during that period to have been approx. three hundred. Daimyô invited monks of the monastery as founding abbots to their territories. As a result, over two hundred branch temples, which were affiliated to the Daitoku-ji, existed in the late 16th century.

Hideyoshi and the Tea Master Rikyû

In 1582, a new man came to power: Toyotomi Hideyoshi (1536-1598). His predecessor, Oda Nobunaga (1534-1582), who had striven to unite the country had been murdered. Hideyoshi arranged for the funeral ceremony to be held at the Daitoku-ji; he also built the subtemple Sôken-in in commemoration of Nobunaga. And he did even more for the Daitoku-ji: He ensured a secure income; in 1585, he invited several Daimyô and people of the city to the Daitoku-ji to enjoy a lavish tea ceremony under the guidance of his tea-master Rikyû. In 1588, he had a commemorative temple built for his mother, who was still alive. The Tenzui-ji was the largest of all tatchû; its paintings and architecture were sold after 1868.

But then benevolence turned to rage. This was due to continued construction on the Mountain Gate. In the 1520s, the poet Saiokuken Sôchô (1448-1532) donated the lower level, which since then only had a temporary roof. Rikyû, who by then was an old man, offered to pay for the construction of the still missing upper level. As an expression of gratitude on behalf of the temple, a life-size wooden statue of the donor was erected. Hideyoshi was so enraged by this, given that he and the imperial visitors would be situated on a lower level than the portrait of the tea master when stepping though the gate, that he ordered four generals to destroy the Daitoku-ji completely.

hölzerne Statue des Stiftes aufgestellt. Hideyoshi geriet derart in Wut, als er von dem Bildnis hörte, weil er und kaiserliche Besucher sich beim Durchschreiten des Tores auf einer niedrigeren Ebene als das Portrait des Tee-Meisters befänden, daß er vier Generälen die Zerstörung des gesamten Daitoku-ji befahl. Gemäß dem schließlich erreichten Kompromiß blieb es bei der Entfernung der Statue, deren Kopf nicht wie der Rumpf in den Fluß geworfen, sondern an der Brücke zu einem Palast Hideyoshis befestigt wurde. Im Februar 1591 erhielt Rikyû den Befehl, sich auf rituelle Weise das Leben zu nehmen. Besondere Anklagepunkte sind nicht bekannt.

Takuan

Mit dem Sieg Tokugawa Ieyasus (1543-1616) in der Schlacht von Sekigahara im Jahre 1600 begann in Japan ein neues Zeitalter, dessen vorherrschende Weltanschauung der Konfuzianismus wurde. Zu der neuen vom Tokugawa-Shôgunat eingeführten Ordnung gehörte unter anderem ein Meldesystem, daß jede Familie dazu zwang, sich bei einem nahegelegenen buddhistischen Tempel registrieren zu lassen. Als kaiserlicher Tempel war der Daitoku-ji jedoch von der Pflicht, als Meldestelle dienen zu müssen, entbunden. Der Daitoku-ji stand um 1600 als Zentrum der Tee-Kultur in Kyôto nach außen glänzend da, aber er war zugleich, so sieht es Dumoulin, ein »vom säkularisierten Zeitgeist stark angeschlagenes Kloster, in dem der Tiefenkern des Zen nicht zum vollen Recht kam«.[66]

Im Jahre 1609 wurde ein ungewöhnlicher Mann im Alter von erst sechsunddreißig Jahren der 153. Hauptabt nach Daitô. Es war Takuan Sôhô (1573-1645), der als Mönchsgelehrter, Dichter Kalligraph, Künstler und Schriftsteller bekannt und berühmt ist und in Verbindung mit den Schwertmeistern Yagyû Munenori und Miyamoto Musashi stand. Takuan wurde gleichzeitig Abt des Tatchû, der damals das Hauptquartier des nördlichen Zweigs der Subtempel des Daitoku-ji war: des Daisen-in. Takuan fühlte sich in seinem neuen Amt wie ein Vogel in einem goldenen Käfig und gab es nach drei oder sechs Tagen wieder ab. Er wurde eine außerordentlich gesuchte Persönlichkeit. Als die Hosokawa-Familie zum Beispiel für ihn einen Zen-Tempel gebaut hatte und er es ablehnte, Gründungsabt zu werden, ließ man eine

A compromise was finally found: The statue was removed; while its torso was thrown in the river, the head was fastened to one of the bridges leading to Hideyoshi's palace. In February 1591, Rikyû was ordered to commit suicide in a ritual manner. The exact charges are unknown.

Takuan

The victory of Tokugawa Ieyasus (1543-1616) at the battle of Sekigahara in the year 1600, marked the beginning of a new age in Japan, its main philosophy of life being Confucianism. Part of a the implementation of the new order by the Togukawa Shôgunate consisted of a registration system, which obliged every family to be registered at the nearest Buddhist temple. Because the Daitoku-ji was an imperial temple, it was exempt from this registering duty. Around 1600, the Daitoku-ji was considered by the outside world as the centre of tea culture in Kyôto, but as, Dumoulin put it, it was also a "monastery, shattered by the secularised spirit of the times, in which the nucleus of Zen did not receive its full due."[66]

In the year 1609, an exceptional man of just thirty-six years of age, was made the 153rd main abbot after Daitô. It was Takuan Sôhô (1573-1645), known and famous as a clerical scholar, poet, calligrapher, artist and author; he also had connections to the sword masters Yagyû Munenori and Miyamoto Musashi. At the same time, Takuan was made abbot of the tatchû Daisen-in, which at that time was the main quarters of the northern branch of the Daitoku-ji. Takuan felt like a bird located in a golden cage with his new task, and as a result, he gave up after three or six days. He became a very sought after figure. For instance, he refused to become the founding abbot of a Zen temple which the Hosokawa family built for him; they subsequently had a statue of Takuan made, which they placed on the altar. In 1627, the Daitoku-ji, an imperial temple, faced a difficult situation. Twelve years previously it had been decided that the emperor required the approval of the Shôgun prior to awarding a main abbot with the purple robe. Furthermore the appointed abbot must have spent thirty years practising Zen and have solved 1700 kôan. The Shôgun's insistence on implementing this rule led to serious turmoil in 1627.

Portrait-Statue Takuans anfertigen und stellte sie auf den Altar. 1627 geriet der Daitoku-ji als kaiserlicher Tempel in eine schwierige Situation. Es war bereits zwölf Jahre früher verfügt worden, der Kaiser dürfe dem Hauptabt das Purpurgewand nur mit Genehmigung des Shôguns verleihen, und der in dieses Amt Berufene müsse sich dreißig Jahre lang der Zen-Übung gewidmet und 1700 Kôan gelöst haben. Daß das Shôgunat um 1627 auf die Einhaltung dieser Vorschrift Wert legte, verursachte große Aufregung. Takuan, der derzeitige Hauptabt Gyokushitsu Sôhaku (1572-1641) und Kôgetsu Sôgan (1574-1643), der 1611 zum ersten Mal und später ein zweites Mal als Hauptabt amtierte, protestierten als Unterzeichner einer Rechtfertigungsschrift gegen das Vorgehen der Regierung. Takuan und Gyokushitsu wurden daraufhin verbannt. Kôgetsu entschuldigte sich und blieb straffrei. Kaiser Go Mizuno dankte 1629 zugunsten seiner siebenjährigen Tochter ab. Als Kaiserin Meishô schenkte sie um 1640 dem Daitoku-ji das jetzige Tor für kaiserliche Boten (Chokushi-mon), das Hideyoshi 1597 für den kaiserlichen Palast gestiftet hatte. Das war noch zu Lebzeiten Kôgetsus, der für den Neubau der Haupthallen anläßlich des dreihundertjährigen Bestehens des Daitoku-ji gesorgt hatte. »Alle diese Gebäude stehen noch heute.«[67]

1627: Das »Ereignis des Purpurgewandes«

1632 wurde Takuans Verbannung aufgehoben, und wenige Jahre später, 1639, baute Shôgun Iemitsu in der Nähe der Regierungsstadt Edo, dem heutigen Tôkyô, für ihn den Tempel Tôkai-ji. Der Streit zwischen Shôgunat und Kaiserhaus wurde 1641 offiziell beigelegt; von da an war es wieder Sache des Kaisers, den Hauptabt zu ernennen. Takuan starb vier Jahre später. Er hinterließ diese Sätze als seine letzten Anweisungen: »Meinen Leib begrabt ganz auf dem Berg hinter dem Tempel, häuft Erde darauf und geht weg! Lest keine Sûtren! Bereitet keine Opfergabe! Empfangt von den Gläubigen keine Trauergeschenke! Nehmt wie alle Tage im Möchsgewand eure Mahlzeit ein! Baut keine Pagode, schreibt kein Bildnis ein, errichtet kein Grabmal! Bittet um keinen posthumen Namen! Im Abtszimmer des Tempels bringt keine Holzinschrift an! Verfertigt keinen Lebenslauf mit Datenangaben!«[68]

Takuan the incumbent main abbot, Gyokushitsu Sôhaku (1572-1641) and Kôgetsu Sôgan (1574-1643), who had been the chief abbot in 1611 and once again at a later stage, signed a justification document protesting the proceedings of the government. As a consequence, Takuan and Gyokushitsu were banned. Kôgetsu excused himself and went unpunished. Emperor Go Mizuno abdicated in 1629 in favour of his seven year-old daughter. In 1642 empress Meishô, donated the Daitoku-ji's present Imperial Messenger Gate (Chokushi-mon), which Hideyoshi had originally donated to the imperial palace in 1597. This was still during Kôgetsu's lifetime; who was instrumental in the rebuilding of the main halls for the occasion of the Daitokuji's tercentenary. "All of these buildings still stand today."[67]

1627: The "Incidence of the Purple Robe"

In 1632, Takuan's banishment was lifted and a few years later in 1639, the Shôgun Iemitsu built for him the Tôkai-ji temple, close to the government city Edo, today's Tôkyô, for him. The dispute between the Shôgunate and the Imperial House was officially resolved in 1641; from then on it was the responsibility of the emperor to appoint the chief abbot. Takuan died four years later. He left the following words as a last request: "Bury my body on the mountain behind the temple; heap earth on to it, then leave! Do not read Sûtras! Do not prepare sacrifices! Do not accept mourning presents of the faithful! Eat your meal as always in your monk's robes! Do not build a pagoda, do not make a portrait, do not raise a grave stone! Do not request a posthumous name! Do not make an inscription on wood in the abbot's room! Do not write a résumé with dates!"[68]

Hakuin, der »zweite Gründer« der Rinzai-Zen-Schule

»Was ist der Ton des Klatschens einer Hand?«

Hakuin (1685-1768) gilt als Reformator oder zweiter Gründer[69] der Rinzai-Zen-Schule: »Das Rinzai-Zen wurde in Japan zum Hakuin-Zen«[70] mit der Folge, daß gegen Ende der Edo-Zeit die Zen-Meister aller größeren Klöster aus den beiden von Hakuin ausgehenden Linien stammten. Hakuin stand in der Übertragungsfolge, die von Daiô Kokushi und Daitô Kokushi ausging und mit Kanzan Egen über den Myôshin-ji zu ihm führte. In den großen chinesischen Zen-Meistern der T'ang-Periode sah er seine Vorbilder. Er war der erste, der die Kôan-Übungen systematisierte, und er erfand die bekannte Kôan-Frage »Was ist der Ton des Klatschens einer Hand?«, die er selbst so kommentierte: »Was ist der Ton der einen Hand? Wenn jetzt jemand beide Hände zusammenschlägt, so entsteht im Augenblick des Zusammenschlagens ein scharfer Ton. Wenn jemand nur eine Hand hebt, so ist da weder Ton noch Duft. Ist dies jener hohe Himmel, von dem Meister Kung spricht? Oder ist es die große Angelegenheit, von der Yamamba sagt: Das Echo des weiten Tals übermittelt Nachrichten des geräuschlosen Tones? Dies kann man mit den Ohren durchaus nicht hören. Wenn jemand ohne Beimischung unterscheidenden Denkens, getrennt von Sehen, Hören, Wahrnehmen und Erkennen im Gehen, Verweilen, Sitzen und Liegen unablässig forschend (das Kôan) übt, werden da, wo die Vernunft am Ende ist und Worte aufhören, plötzlich die Karma-Wurzeln von Leben und Tod (samsāra) ausgerissen, und die Höhle der Unwissenheit bricht zusammen. Wie der aus dem Goldnetz befreite Phönix und wie der dem Käfig entronnene Kranich erreicht (der Erleuchtete) die Wohnung des Friedens.«[71]
Der Landtempel Shôin-ji in Hakuins Heimatdorf Hara wurde zum Zentrum seines Wirkens. Mit der wachsenden Zahl der Anhänger entstanden in der Umgebung Mönchshallen und kleinere Niederlassungen. Hakuin legte Wert auf die strenge Regelung des Klosterlebens; in dessen Zentrum standen das Zazen, also das Sitzen in Versunkenheit, und die Kôan-Praxis. Dazu kamen die tägliche Sûtren-Rezitation, das Studium buddhistischer Literatur, die körperliche Arbeit nach dem Vorbild des Pai-chang Huai-hai, die Hakuin als meditative Übung verstand, und der täglich Bettelgang.

Hakuin, the "Second Founder" of the Rinzai Zen School

"What noise does the clapping of one hand make?"

Hakuin (1685-1768) is known as the reformer or the "second founder"[69] of the Rinzai Zen School: "the Rinzai Zen became the Hakuin Zen in Japan"[70], with the result that towards the end of the Edo period, all abbots of big monasteries originated from the two lineages of Hakuin. Hakuin stood in the line of succession, which begins with Kanzan Egen and leads via Myôshin-ji to him. He recognized the great Chinese Zen masters of the T'ang dynasty as his idols. He was the first to systemise the kôan, and he invented the famous kôan riddle "what is the sound of a clapping hand?", which he himself commented: "What is the Sound of a Single Hand? When you clap together both hands a sharp sound is heard; when you raise the one hand there is neither sound nor smell. Is this the High Heaven of which Confucius speaks? Or is it the essential of what Yamamba describes in these words: "The echo of the completely wide valley bears tidings heard from the soundless sound?" This is something that can by no means be heard through the ear. If conceptions and discriminations are not mixed with it and it is quite apart from seeing, hearing, perceiving and knowing, and if, while walking, standing, sitting, and reclining, you proceed straightforward without interruption in the study of this kôan, then in the place where reason is exhausted and words end, you will suddenly pluck out the karmic root of birth and death and break down the cave of ignorance. Thus you will attain to a peace in which the phoenix has left the golden net and the crane has been set free of the basket."[71]
The temple Shôin-ji in Hakuin's village became the centre of his work. As the number of adepts grew, monk halls and smaller settlements developed in the surrounding areas. Hakuin attached great importance to the strict rules of monastic life; its central point was the zazen, sitting in contemplation and the practice of kôan. Daily recitation of Sûtras, study of Buddhist literature, physical work after the model of Pai-chang Huai-hai, which Hakuin understood to be a meditative exercise and the daily begging, were added. To the outside world, he became known through his lectures, scripts and paintings. On the last of his pictures with the

Nach außen wirkte Hakuin durch seine Vortragstätigkeit, seine Schriften und seine Malerei. Auf das letzte seiner Bilder zu dem wahrscheinlich von ihm erfundenen Thema »Kannon im Lotosteich« schrieb er: »Die barmherzigen Augen schauen auf die Lebewesen. Das Meer des Glückes ist grenzenlos. Der alte Mönch zeichnete dies unter dem Sâla-Baum im 83. Lebensjahr.«[72]
Die mittelalterliche Rinzai-Schule war im wesentlichen aristokratisch geprägt, und inzwischen war sie auch bei den Städtern populär. Wie es vor ihm bereits Bankei (1622-1693) getan hatte, wandte sich Hakuin nun auch dem Land zu, wirkte ins Volk hinein und verhalf hier dem Rinzai-Zen zum Durchbruch. Seine Lieder wie das vom Unkrautjäten und von der alten Frau beim Kornmahlen, die sich leicht einprägten, trugen dazu bei, seine Botschaft zu verbreiten. Hakuin wurde so zum »geistlichen Vater der Landbevölkerung«.[73]

Der Übergang zur Gegenwart

Am 19. November 1867 legte Yoshinobu, der fünfzehnte und letzte Shôgun aus dem Hause Tokugawa, sein Amt nieder. Die Macht fiel damit an das Kaiserhaus zurück und lag nun in den Händen des fünfzehnjährigen Mutsuhito (1852-1912), der am 12. Oktober 1868 den Thron bestieg.

»Nieder mit dem Buddhismus«

Auf religiösem Gebiet kam es zu einer Volksbewegung unter der Parole »Nieder mit dem Buddhismus«, die ihren Höhepunkt in dem Zeitraum von 1868 bis 1871 hatte. Fukuda Gyôkei aus der Schule des Reinen Landes schrieb angesichts der Geschehnisse: »Gegenwärtig werden Provinztempel zerstört, Leute geben ihre Mitgliedschaft auf, was zur Verminderung der Tempeleinkommen führt, Priester kehren bereitwillig in den Laienstand zurück. Wahrscheinlich hat es nichts mit dieser Lage Vergleichbares während der 14 oder 15 Jahrhunderte der Geschichte des Buddhismus in Japan gegeben. Nach meiner Ansicht wird ein Kaiserlicher Erlaß innerhalb von 5 bis 7 Jahren den Buddhismus ausmerzen.«[74] Aus dem kaiserlichen Palast wurden buddhistische Bilder und Statuen entfernt und buddhistische Zeremonien am Hof verboten.

theme "Kannon in the Lotos Pond", probably invented by him, he wrote: "The compassionate eyes look upon all living beings. The sea of happiness is endless. The old monk painted this under the Sâla tree in his 83rd year."[72]
The Rinzai School of the middle ages was largely influenced by the aristocracy, which in the meantime had also become popular in the cities. As Bankei (1622-1693) had done prior to him, he focused on the rural area, addressed the masses, which contributed to the breakthrough of the Rinzai Zen. His songs, like the one about weeding or the old woman grinding corn were easily memorised and helped disseminate his message. This is how Hakuin became the "spiritual father of the rural poulation".[73]

Transition to the Present

On 19 November 1867, Yoshinobu, the fifteenth and last Shôgun of the House of Togukawa resigned from office. As a result, the power fell back to the Imperial House, and was placed in the hands of the fifteen-year old Mutsuhito (1852-1912), who acceded to the throne on 12 October 1868.

"Down with Buddhism"

In religious terms a people's movement broke out using the slogan "Down with Buddhism", which reached its peak between 1868 and 1871. Fukuda Gyôkei, an adept of the Pure Land School, described the events as follows: "At present provincial temples are being destroyed, people are leaving the religious community resulting in a diminishing income of the temple; priests willingly returning to the life of lay people. Probably nothing comparable ever occured in the 14 or 15 centuries of Buddhist history in Japan.
In my opinion, an imperial edict will eradicate Buddhism within the next 5 to 7 years."[74] Buddhist paintings and statues were removed from the imperial palace, and Buddhist ceremonies were prohibited at Court. But as Dumoulin remarks, Buddhism survived the threatening situation during the Meiji period relatively well. A decree had a direct influence on the private life of the Buddhist priests: Celibacy, which had never existed for Shinran's (1173-1262) "True

Dennoch hat der Buddhismus, wie Dumoulin feststellt, die bedrohliche Situation in der frühen Meiji-Zeit relativ gut überstanden. Eine Verordnung griff ganz unmittelbar in das private Leben der buddhistischen Geistlichkeit ein: Sie hob den Zölibat auf, der für Shinrans (1173-1262) »Wahre Schule des Reinen Landes« nie gegolten hatte, und erlaubte den Genuß von Fisch und Fleisch.

Verluste der Subtempel

Mit der antibuddhistischen Politik gerieten auch die Subtempel des Daitoku-ji in wirtschaftliche Schwierigkeiten, und einige sahen sich gezwungen, Gebäude und Wandmalereien zu verkaufen. Später wurden weitere Wandbilder und Stellwände als national wichtige Kunstschätze zur konservatorisch gesicherten Aufbewahrung von Museen übernommen. Covell und Yamada schätzen den gesamten unersetzlichen Verlust an Kunstwerken auf achtzig Prozent des ursprünglichen, historisch gewachsenen Bestandes.[75]

Priester heute

Bis in die Gegenwart gilt, daß der Hauptabt des Daitoku-ji ehelos sein muß. Er wird von den nach Seniorität in zwölf Gruppen eingeteilten Vorstehern der dreihundert Sub- und Zweigtempel des Daitoku-ji für jeweils eine vierjährige Amtszeit gewählt und kann sich danach erneut zur Wahl stellen. Fünf für jeweils drei Jahre gewählte Äbte sind für die Verwaltungsgeschäfte zuständig.

Traten bis vor nicht langer Zeit zukünftige Priester schon ab einem Alter von zehn Jahren in den Dienst eines Subtempels, legten als Sechzehnjährige das erste Gelübde ab und lernten den Zen-Weg im Zuge der täglichen Arbeit und des Miterlebens kennen, so steht für die Anfänger heute die Sôdô genannte Zen-Übungshalle bereit, in der sie unter einem Roshi eine drei bis zehn Jahre dauernde harte Ausbildung mit unterschiedlichem Erfolg durchmachen, nur »wenige erreichen das Zen-Ideal des Durchbruchs zu ihrer ursprünglichen Natur«.[76]

Ob die Absolventen nun erleuchtet sind oder nicht: je nach ihrer Fähigkeit übernehmen sie normale Land- oder Stadt-

School of the Pure Land" was abolished, the decree also allowed the consumption of fish and meat.

Loss of the Subtemples

Due to anti-Buddhist politics, the subtemples of the Daitoku-ji also experienced economic difficulties, some were even forced to sell buildings and paintings. Later on, screens and panels declared as National Treasures were stored in museums for "their secure preservation". Covell and Yamada estimate the irreplaceable loss of art to be eighty percent of its original heritage that had been compiled during historical times.[75]

Priests today

Up to the present, the rule that the chief abbot of the Daitokuji should remain unmarried still applies. He is chosen for a four-year period by the abbots of the three hundred sub and branch temples of the Daitoku-ji, which are divided into twelve groups according to seniority; after this period he may stand for re-election. Five abbots, elected for a three-year period are responsible for administration matters.

Until recently the future priests joined a subtemple at the age of ten, and took their first vows at sixteen. They learned the Way of Zen in the course of their daily work and temple routine. Today the Sôdo, the Zen Training Hall is at disposal for the new pupils, who study for three to ten hard years under a roshi, with varied success; only "few achieve this Zen ideal of a breakthrough to their original nature."[76]

Whether or not the graduates have reached enlightenment: Depending on their skills, they take over regular country or city temples, the best are accepted at the big temples, such as the Daitoku-ji. An abbot, chosen for a subtemple for life, is suddenly confronted with duties, of which he has no knowledge. Managing a temple also includes the financial burden. The abbot has the authority to act as he deems appropriate. At the time of their appointment, many abbots are around thirty years of age or slightly above, soon marry. If they have a son, it is understandable that they wish to pass on the temple to him one day. The abbots of the subtemples are only

Tempel; die besten werden in die großen Tempel von der Art des Daitoku-ji aufgenommen. Wer als Abt eines Subtempels auf Lebenszeit erwählt wurde, sieht sich plötzlich Aufgaben gegenüber, mit denen er bisher nichts zu tun hatte. Mit der Leitung des Tempels ist auch die Sorge für dessen wirtschaftliche Existenz verbunden. Der Abt kann tun, was er für richtig hält. Viele Äbte sind bei ihrer Ernennung um die dreißig oder wenig älter und heiraten bald. Haben sie einen Sohn, ist der Wunsch verständlich, eines Tages den Tempel an diesen weiterzugeben. Untereinander verbinden die Vorsteher der Subtempel nur formale Verpflichtungen, sie nehmen zum Beispiel alle an der Shutô-Zeremonie teil, die am 1., 15. und 21. eines jeden Monats in der Morgenfrühe stattfindet. Im übrigen herrscht jeder unabhängig in seinem kleinen Königreich.

Der jetzige Abt des Daisen-in, Ozeki Sôen, widmet den zahlreichen Tempelbesuchern viel Zeit, heißt sie in verschiedenen Sprachen willkommen und führt japanische Gruppen oft auch selbst. Man spürt, daß es diesem temperamentvollen Mann ein Herzensanliegen ist, die Menschen anzusprechen und ihnen etwas von dem, was ihm im Zen-Leben wichtig ist, mitzuteilen. Er tut das oft in sehr humorvoller Weise und hat mit seinem Wirken den Daisen-in zu einem geradezu pulsierenden Anziehungspunkt gemacht, in dem das Überkommene zwar mitspielt, aber nicht museal aufgefaßt wird. Das historische Erscheinungsbild des Hôjô-Inneren tritt dementsprechend zurück, während der Garten die bewunderte Attraktion darstellt. Am Verkaufsstand kann man unter anderem kurze, auf Bogen schönen Papiers gedruckte Texte des Abtes auf englisch erwerben; einer, der etwas von der Lebensweisheit, die hier angeboten wird, in knappster Form ausdrückt, sei als Abschluß dieses Buches zitiert; er lautet so:

Jeder Lebenstag ist Übung,
Übung für mich selbst.
Obwohl Versagen möglich ist,
lebe ich jeden Augenblick ganz,
gleichmütig gegenüber allem
und für alles bereit.

Ich lebe – ich bin dieser Augenblick,
Meine Zukunft ist hier und jetzt.
Doch wenn ich heute nicht durchhalten kann,
wann und wo werde ich es?

connected by formal obligations, for instance, they all attend the Shutô ceremony, which is held at dawn of 1., 15. and 21. of every month. Other than that, they rule independently in their own little kingdom.

Ozeki Sôen, the present abbot of the Daisen-in devotes a substantial amount of time to the numerous temple visitors, he welcomes them in different languages and is often the tour guide for Japanese groups. One senses that it is his sincere delight to speak to people and communicate some aspects of Zen life. He often does this in a very amusing manner. With his work, he has made the Daisen-in to a lively point of attraction, in which tradition plays a role, but it is not interpreted to be a museum. The historical appearance of the inside of the hôjo diminishes accordingly, while the garden is the admired focus of attention. At a stand, short texts in English written by the abbot on beautiful paper, can be purchased; one of them summarises the wisdom of life. It shall be quoted as an appropriate closing of this book:

Each day in life is training
Training for myself
Though failure is possible
Living each moment

Equal to anything
Ready for everything
I am alive – I am this moment
My future is here and now
For if I cannot endure today
When and Where will I?

Im Überblick: Perioden der japanischen Geschichte und die Entwicklung der japanischen Gartenkunst bis zum 16. Jahrhundert

Nara-Zeit 710-784 (794)
Heian-Zeit 794-1185
Kamakura-Zeit 1192-1333
Muromachi-Zeit 1338-1568
Azuchi-Momoyama-Periode 1568-1598
Edo (Tokugawa)-Zeit 1603-1868
Meiji-Zeit 1868-1912

In alter Zeit werden im Rahmen der Verehrung geheiligter Orte und Dinge der Natur Steingruppen so arrangiert, als hätte das die Natur selbst getan. Es entwickelt sich eine fortwirkende Tradition, Inaji spricht vom »Konzept der natürlichen Ordnung«.
612 wirkt Michiko no Takumi als erster namentlich bekannter Gartenbaumeister Japans; er stammt aus Korea.
Zwischen 630 und 833 reisen 15 japanische Delegationen von jeweils 250 bis 500 Personen nach China. Sie bringen viele Materialien und Anregungen mit nach Japan zurück, darunter den Grundplan der Hauptstadt Heian-kyô (Kyôto, gegr. 794) und das Grundmuster der aristokratischen Residenzarchitektur mit Garten. Die chinesische Symmetrie der Anlage wird aufgegeben. Die Gebäude liegen auf den etwa 120 x 120 m oder 240 x 120 m (1 bzw. 2 Cho) großen Grundstücken stets im Norden. Der südlich anschließende Garten besteht aus der freien Sandfläche für zeremonielle Anlässe vor dem zentralen Hauptgebäude (Shinden), einem Teich im Ozean-Stil mit Inseln und aus Hügeln im Hintergrund. Dieser aristokratische Residenzgarten ist in erster Linie für den Blick in sitzender Position aus dem Palast konzipiert. Er soll wie eine natürliche Landschaft wirken und bezieht mitunter die Darstellung von Örtlichkeiten ein, die ihrer Schönheit wegen berühmt sind. Gestaltungsgrundlage ist das Setzen von Steinen. Erst in der Edo-Periode werden auch Pflanzen als Strukturelemente der Gartenkomposition verwendet.

Survey of the Periods of Japanese History and the Development of Japanese Art of Gardens up to the 16th century

Nara 710-784 (794)
Heian 794-1185
Kamakura 1192-1333
Muromachi 1338-1573
Azuchi-Momoyama 1568-1598
Edo (Togukawa) 1603-1868
Meiji 1868-1912

In the olden days, in context with the worship of sacred places and objects of nature, clusters of stones were arranged to look as natural as possible. This tradition continues to have an effect today, Inaji speaks of the "concept of natural order."
In 612 the first landscape gardener in Japan, known by name was Michiko no Takumi, who originated from Korea.
Between the years 630 and 838 AD, Japanese envoys made a total of fifteen trips to China comprising 250 to 500 persons. Among the vast amount of material and ideas they brought back to Japan, there was a plan of the capital Heian-kyô (Kyôto, founded in 794) and a design formula for the aristocratic residential and garden architecture. The Chinese symmetrical arrangement of the residences was abandoned. The buildings are always located in the north of the grounds which either measure 120 x 120 m or 240 x 120 m (1 respectively 2 cho). The adjoining garden in the south embodies an open sand area in front of the central main building (shinden) designed to hold ceremonies and a pond "in the ocean style" with islands and hills in the background. This aristocratic residential garden was designed primarily for viewing from a seated position inside the palace. It is supposed to appear like a natural landscape incorporating famous places of scenic beauty. The essence for the creation of such gardens was the placing of stones. By the Edo period plants were used to create the compositional structure of the gardens. During the 11th century residential gardens were linked to temples, aiming at representing the glory of Buddha Amida's

Im 11. Jahrhundert kommt es zur Verbindung von Residenzgarten und Tempel, die Herrlichkeit des Westlichen Paradieses Amida-Buddhas soll bereits im Irdischen sichtbar werden. Die Phönix-Halle des Byôdô-in mit vorgelagertem Lotos-Teich (1052/1053) läßt noch heute die angestrebte Schönheit ahnen.

Tachibana no Toshitsuna (1028 bis 1094) verfaßt (?) die »Aufzeichnung über die Errichtung von Gärten«, Sakuteiki, die früheste bekannte Schrift über die japanische Gartenkunst. Er macht dort eine Bemerkung, die im Hinblick auf die Vorgeschichte der späteren Trockengärten von Interesse ist. »Es kommt vor, daß man Steine an einer Stelle setzt, wo es weder einen Teich noch einen Wasserlauf gibt, dies nennt man ›Ka-resansui‹.«

Gegen Ende der Heian-Zeit entsteht ein zweigeteilter Gartentyp, der Teichgarten und Trockengarten miteinander kombiniert. Einen solchen Garten findet Musô Soseki vor, als er 1339 den Saihô-ji, bis dahin ein Tempel der Schule des Reinen Landes, in einen Zen-Tempel umwandeln soll.

Der mit Musô Sosekis Namen verbundene Garten des Saihô-ji beeinflußt den des Kinkaku-ji (ab 1397) und den des Ginkaku-ji (ab 1482). Im »Silbersandmeer« des letzteren wird erstmalig Sand als Substitut für Wasser verwendet.

Im Garten des Zen-Tempels Ryôan-ji wird um 1490 der Trockengarten zum ersten Mal vom Teichgarten völlig getrennt. Von einer Mauer umgeben, rückt er an den Ort der Sandfläche südlich des Hauptgebäudes, die man einst für zeremonielle Zwecke benötigte.

Während der Herrschaft des Kriegeradels, die mit der Kama-ku-ra-Zeit beginnt, werden die Residenzen kleiner – die Zen-Sub-Tempel gleichen ihnen – und in ihrer Bauweise löst allmählich der Shoin-zukuri-Stil den alten Shinden-zukuri-Stil ab.

Die Einrichtung von Räumen an der Nordseite der Hauptgebäude gibt den Anstoß zur Anlage von dicht gestalteten Gärten mit Wasserfall, Fluß, Stromschnellen und Inseln, die sowohl auf die von drinnen sichtbaren Ausschnitte als auch auf die Blicke dessen, der auf der Veranda entlanggeht, abgestimmt sind.

Die Südgärten der Zen-Subtempel sind für die Betrachtung von der Veranda aus konzipiert.

In den Gärten des Kriegeradels entfällt die Fläche mit weissem Sand, aber es bleiben Teich, Inseln und Hügel, und das

Western Paradise in the mundane sphere. The beauty of the Phoenix Hall of the Byôdô-in (1052/1053) with its lotos pond can still today be seen. Sakuteiki, the "Notes on garden making", the earliest known records about Japanese garden design are attributed to Tachibana no Toshitsuna (1028 to 1094). In this document he makes the following remark, which is of interest regarding the later development of dry landscape gardens: "Sometimes stones are placed where there is no pond or running water. This is called karesansui."

Towards the end of the Heian period a type of garden is created, which incorporates a pond garden and a dry landscape garden. It was this type of garden that Musô Soseki found in 1339, when he was assigned to convert the Saihô-ji, a temple of the School of the Pure Land into a Zen temple. The Saihô-ji garden, which is distinctly related to the name Musô Soseki, strongly influenced the creation of the garden of the Kinkaku-ji (from 1337) and that of the Ginkaku-ji (from 1482). In the latter, gravel was used for the first time as a substitute for water in the Sea of Silver Sand.

In the Ryôan-ji around 1490, it is the first time that the dry landscape garden is completely separated from the pond garden. Surrounded by a wall, the dry landscape garden moves to the location of the sand area at the south of the main building, once used for ceremonial purposes.

During the reign of the aristocratic warriors, which commences during the Kamakura period, the residences become smaller – they resemble the Zen subtemples – gradually the style of construction is transformed from the old shinden zukuri to the shoin zukuri style.

The furnishing of the rooms on the north side of the main building give the impetus to the layout of the densely arranged gardens with waterfall, river, rapids and islands; balanced not only on the segments visible from the inside, but also for the viewer walking along the veranda.

South gardens of Zen subtemples have been created for viewing from the veranda.

In the gardens of the aristocratic warriors, the area of white sand is eliminated, the pond, islands and hills remain. In the late 16th century the inside is adorned by by paintings, for instance of the Kanô School, depicting the four seasons is very popular.

Tea gardens and large feudal residences of the late Edo period are characterised by later developments.

Innere schmücken im späteren 16. Jahrhundert Malereien z.B. der Kanô-Schule; beliebt ist die Darstellung der Vier Jahreszeiten.
Die weitere Entwicklung kennzeichnen Gärten, die man betritt und begeht, also Tee-Gärten und große feudale Gartenanlagen der Edo-Periode.
Inaji Toshirô würdigt die Einzigartigkeit des japanischen Gartens:
»Der japanische Garten, der zumeist nicht zu begehen ist, sondern ein lebendes Bild darstellt, das man von einem Gebäude aus im Sitzen anschaut, nimmt in den Annalen der Gartengeschichte der Welt einen besonderen Platz ein. Seine wahre Bedeutung wird in der Tat am besten verstanden, wenn wir ihn als Teil eines Ganzen betrachten, das auch alles einschließt, was sich in dem Raum befindet, aus dem man hinausblickt: die Malerei, die Keramik, die Blumenarrangements und andere kunstgewerbliche Gegenstände. Das ist einzigartig, und es gibt in der Welt nichts Vergleichbares.«

Inaji Toshirô pays tribute to the uniqueness of Japanese gardens by saying the following:
" The Japanese garden, which for the most part is not a place to stroll but a living picture to be viewed by people sitting inside a building, occupies a special place in the world-history of gardens. Indeed, its true significance is best understood if we consider it as part of a whole that also includes any painting, pottery, flower arrangements and other crafts displayed in the room from which the garden is viewed. Together they form a unified space. This is the unique characteristic without analogy anywhere else in the world."

Verzeichnis der Wandmalereien

I Kanô Motonobu zugeschrieben
Persönlichkeiten des alten China
um 1513
Farbe auf Papier
Acht Hängerollen; vier 174 x 67,8 cm
vier 174 x 92,1 cm
Tôkyô National Museum

II Kanô Motonobu
Zen-Patriarchen
um 1513
Farbe auf Papier
Sechs Hängerollen; vier 175,2 x 90,5 cm
zwei 175,2 x 137,4 cm
Tôkyô National Museum

III Kanô Utanosuke (Yukinobu) zugeschrieben
Der Reisanbau
um 1540 ?
Farbe auf Papier
Acht Hängerollen; vier 174,5 x 139,5 cm,
vier 174,5 x 92 cm
Als Dauerleihgabe des Daisen-in im Kyôto
National Museum

IV Kanô Motonobu
Blumen und Vögel der Vier Jahreszeiten
um 1513
Farbe auf Papier
Acht Hängerollen; vier 174,5 x 139,5 cm,
vier 174,5 x 99 cm
Als Dauerleihgabe des Daisen-in
im Kyôto National Museum

Einer neuen baugeschichtlichen Untersuchung zufolge wären die »Blumen und Vögel der Vier Jahreszeiten« um 1535 zu datieren; die Diskussion ist noch nicht abgeschlossen.

Index of the Mural Paintings

I Attributed to Kanô Motonubo
Personalities of Ancient China
Around 1513
Colour on paper
Eight hanging scrolls; four 174 x 67,8 cm
Four 174 x 92,1 cm
Tôkyô National Museum

II Kanô Motonubo
Zen Patriarchs
Around 1513
Colour on paper
Six hanging scrolls; our 175,2 x 90,5 cm
Two 175,2 x 137,4 cm
Tôkyô National Museum

III Attributed to Kanô Utanosuke (Yukinobu)
Cultivation of Rice
Around 1540?
Colour on paper
Eight hanging scrolls; four 174,5 x 139,5 cm
Four 174,5 x 92 cm
Permanent loan at Kyôto
National Museum

IV Kanô Motonobu
Flowers and Birds of the Four Seasons
Around 1513
Colour on Paper
Eight hanging scrolls; four 174,5 x 139,5 cm
Four 174,5 x 99
Permanent loan of the Daisen-in
at the National Museum Kyôto

According to a recent research program on the history of architecture, the "Flowers and Birds of the Four Seasons" dated to the year 1535; however, no final conclusion has been made yet.

V Sôami
Acht Ansichten von Hsiao und Hsiang
um 1513
Schwarze Tusche auf Papier
Sechzehn der ursprünglich zwanzig Wandbilder sind erhalten und heute auf Hängerollen montiert. Acht (je etwa 174,5 x 139,5 cm) werden hier reproduziert: die vier von der östlichen und die vier von der westlichen Wand des Raumes V.
Als Dauerleihgabe des Daisen-in im Kyôto National Museum

V Sôami
Eight Views of Hsiao and Hsiang
Around 1513
Ink on paper
Sixteen of the original twenty mural paintings are still existant and have been mounted on hanging scrolls. Eight (all about 174,5 x 139,5 cm) have been reproduced:
Four on the eastern and four on the western wall of room V.
As permanent loans of the Daisen-in to the National Museum of Kyôto

Acht Ansichten von Hsiao und Hsiang; oben die östliche, unten die westliche Wand Eight Views of Hsiao and Hsiang; top: East Wall; bottom: Western Wall

oben: Der Reisanbau top: Rice Cultivation

Anmerkungen

1 Karl Hennig, a.a.O., S. 254: »Nach dem ›Kogaku dai oshô dôgyôki‹, das 1551 drei Jahre nach dem Tode von Kogaku von Rosetsu Yôwa verfaßt worden war, ist der Daisen-in 1509 von Kogaku Shûkô gegründet worden. Die Haupthalle (hondô) wurde indes erst im Jahre 1513 vollendet.«
2 Heinrich Dumoulin,a.a.O., Bd. II, S. 155.
3 Wolfgang Bauer, a.a.O., S. 251.
4 Dietrich Seckel, a.a.O., S. 36.
5 Vgl. Karl Hennig: Der Karesansui-Garten, a.a.O., S. 173 f.
6 Karl Hennig: Der Karesansui-Garten, a.a.O., S. 71 ff.
7 Lexikon der östlichen Weisheitslehren, a.a.O., S. 28, hier auch das folgende Zitat.
8 Wolfgang Schumann, Buddhistische Bilderwelt, a.a.O., S. 121 f.
9 Wolfgang Bauer, a.a.O., S. 145 f.
10 Wolfgang Schumann: Buddhismus, a.a.O., S. 143.
11 Karl Hennig: Der Karesansui-Garten, a.a.O., S. 152.
12 Nelly Naumann in: Die Mythen des alten Japan, a.a.O., S. 9; zum Begriff »Shintô« S. 200 u. 203.
13 Murasaki Shikibu, a.a.O., Bd. I, S. 636, 638.
14 Aus: Eiga monogatari. Nach der Übersetzung ins Englische von William H. und Helen Craig McCullough, 1980; zitiert in: Penelope Mason, a.a.O., S. 119.
15 Ataru Sotomura: Der Zen-Garten-Disput des Tenryûji (1345). In: Claudius Müller (Hrsg.), a.a.O., S. 49 ff.
16 Siehe dazu: Karl Hennig: Der Karesansui-Garten, a.a.O., S. 128 ff.
17 Karl Hennig: Der Karesansui-Garten, a.a.O., S. 256; zur Diskussion um die Entstehung s. S. 256 ff.
18 Schaarschmidt-Richter, a.a.O., S. 86. Loraine Kuck, a.a.O., S. 155 f., schreibt über die Restaurierung: »Before the middle of the twentieth century the garden of Daisen-in had long remained under a temple maintenance system that removed leaves and weeds and kept the shrubs cut back a little but carefully refrained from making any basic changes. These, however, were made by nature as shaggy brownish moss came to cover the sand completely, while many of the shrubs became large and intrusive, and around the base of the rocks small plants grew into competing or even concealing forms.
With the increase of interest in these art gardens after World War II, a program of renovation was begun at Daisen-in, and in 1954 the moss and extra plants were removed and clean white sand restored. Later the main building, then about 450 years old, was put under repair so that its time-damaged timbers might be restored. This type of renewal, in which parts are exactly replaced, is widely practiced in Japan, accounting for the survival of many oft the ancient wooden structures.
In the meantime there had come to light unexpected evidence that ohne of the corridor bridges, which then stood at the lower end of the garden, leading between the main building and another, had originally crossed it directly in the center. In doing this, it had made use of the curious and rather mysterious flat cross stone as a foundation (thus accounting for its presence). The evidence concerning this corridor, which included a roof, a single wall of half-timber, and an arched window in Zen style, as well as the flooring, was studied by various experts, including the official Commission for the Preservation of Cultural Properties. The evidence seeming to be incontrovertible, permission was given to make the restoration, and the corridor was put back into the center. The work was finished, along with the renovation of the building, in 1961.
The new position of the corridor and its wall of course divides the river scene into two parts, the one with its mountains, the other with its boat

Notes

1 Karl Hennig, loc cit., p. 254: "According to the 'Kogaku dai oshô dôgyôki', written three years after the death of of Kogaku by Rosetsu Yôwa, the Daisen-in was founded by Kogaku Shûkô in 1509. The Main Hall (hôndo) was only completed in 1513."
2 Heinrich Dumoulin, loc cit., vol II, p.155.
3 Wolfgang Bauer, loc cit., p. 251.
4 Dietrich Seckel, loc cit., p. 36.
5 cf. Karl Hennig: Der Karesansui-Garten, loc cit., p. 173 f.
6 Karl Hennig: Der Karesansui-Garten, loc cit., p. 71 ff.
7 Lexikon der östlichen Weisheitslehren, loc cit., p. 28, sources of the following quotation.
8 Wolfgang Schumann, Buddhistische Bilderwelt, loc cit., p. 121 f.
9 Wolfgang Bauer, loc cit., p. 145 f.
10 Wolfgang Schumann: Buddhismus, loc cit., p. 143.
11 Karl Hennig: Der Karesansui-Garten, loc cit., p. 152.
12 Nelly Naumann in: Die Mythen des alten Japan, loc cit., p. 9; to the term "Shintô" p. 200 and 203.
13 Murasaki Shikibu, loc cit., vol. I, p. 636, 638.
14 From: Eiga monogatari. After a translation into English by William H. and Helen Craig McCullough, 1980; quoted in: Penelope Mason, loc cit., p. 119.
15 Ataru Sotomura: Der Zen-Garten-Disput des Tenryûji (1345). In: Claudius Müller (ed.), loc cit., p. 49 ff.
16 See: Karl Hennig: Der Karesansui-Garten, loc cit., p. 128 ff.
17 Karl Hennig: Der Karesansui-Garten, loc cit., p. 256; discussion about the orgin see. p. 256 ff.
18 Schaarschmidt-Richter, loc cit., p. 86.
Loraine Kuck, loc cit., p. 155 f., writes about the restoration: "Before the middle of the twentieth century the garden of Daisen-in had long remained under a temple maintenance system that removed leaves and weeds and kept the shrubs cut back a little but carefully refrained from making any basic changes. These, however, were made by nature as shaggy brownish moss came to cover the sand completely, while many of the shrubs became large and intrusive, and around the base of the rocks small plants grew into competing or even concealing forms.
With the increase of interest in these art gardens after World War II, a program of renovation was begun at Daisen-in, and in 1954 the moss and extra plants were removed and clean white sand restored. Later the main building, then about 450 years old, was put under repair so that its time-damaged timbers might be restored. This type of renewal, in which parts are exactly replaced, is widely practiced in Japan, accounting for the survival of many oft the ancient wooden structures.
In the meantime there had come to light unexpected evidence that ohne of the corridor bridges, which then stood at the lower end of the garden, leading between the main building and another, had originally crossed it directly in the center. In doing this, it had made use of the curious and rather mysterious flat cross stone as a foundation (thus accounting for its presence). The evidence concerning this corridor, which included a roof, a single wall of half-timber, and an arched window in Zen style, as well as the flooring, was studied by various experts, including the official Commission for the Preservation of Cultural Properties. The evidence seeming to be incontrovertible, permission was given to make the restoration, and the corridor was put back into the center. The work was finished, along with the renovation of the building, in 1961.
The new position of the corridor and its wall of course divides the river scene into two parts, the one with its mountains, the other with its boat stone. Through the window in this wall may be seen a limited view of the

stone. Through the window in this wall may be seen a limited view of the hills and cascade, the focus emphasizing, and making very obvious, their likeness to the painting. Controversial feeling over this move has been strong, most of those who remember the garden as a single unit seeming to prefer it that way. While each of the two parts makes an excellent landscape, and the river can still be seen to flow under the corridor, the feeling that the full sweep was better is held by many. The question in the minds of some is whether evidence may not yet come to light indicating that the corridor was not part of the original plan but was added sometime in its four hundred years of existence.«

19 Lexikon der östlichen Weisheitslehren, a.a.O., S. 143.
20 Franziska Ehmcke, a.a.O., S. 35.
21 Horst Hammitzsch, a.a.O., S. 64 f.
22 Lexikon der östlichen Weisheitslehren, a.a.O., S. 192.
23 Lexikon der östlichen Weisheitslehren, a.a.O., S. 202.
24 Lexikon der östlichen Weisheitslehren, a.a.O., S. 142.
25 Lexikon der östlichen Weisheitslehren, a.a.O., S. 391.
26 Lexikon der östlichen Weisheitslehren, a.a.O., S. 262.
27 C. J. Dunn, a.a.O., S. 64 f.
28 Heinrich Dumoulin, a.a.O., Bd. II, S. 206.
29 Rose Hempel in: Im Glanz der Jahreszeiten, a.a.O., S. 28.
30 Rose Hempel in: Im Glanz der Jahreszeiten, a.a.O., S. 32.
31 Vgl. Helmut Brinker, Hiroshi Kanazawa: Zen, a.a.O., S. 316.
32 Heinrich Dumoulin, a.a.O., Bd. I, S. 53 f.
33 Sûtra von der Vervollkommnung der Weisheit des Herzens
Bodhisattva: Avalokiteshvara,
in der Übung der tiefen transzendenten Weisheit,
erkannte, daß alle fünf Skandas leer sind
und überwand so alles Leiden.
Shâriputra, Form ist nichts anderes als Leere,
Leere nichts anderes als Form.
Form ist wirklich Leere,
Leere wirklich Form.
Das Gleiche gilt für Empfindung, Wahrnehmung,
Wollen und unterscheidendes Denken.
Shâriputra, die Formen aller Dinge sind leer,
sie entstehen nicht und vergehen nicht.
Sie sind nicht rein und nicht unrein,
nehmen nicht zu und nicht ab.
Daher ist in der Leere keine Form,
weder Empfindung, Wahrnehmung, Wollen oder
unterscheidendes Denken,
weder Auge, Ohr, Nase, Zunge oder Körper,
weder Farbe, Ton, Duft oder Geschmack,
weder Berührbares noch Vorstellung,
weder ein Bereich der Sinnesorgane
noch ein Bereich des Denkens,
weder Unwissenheit noch Ende von Unwissenheit.
Und so gibt es weder Alter noch Tod,
noch ein Ende von Alter und Tod,
weder Leiden noch Entstehen von Leiden,
kein Anhäufen, Vernichten, keinen Weg,
weder Erkennen noch Erreichen,
weil es nichts zu erreichen gibt.
Ein Bodhisattva lebt aus dieser Weisheit,
ohne Hindernis im Geiste,
ohne Hindernis und daher ohne Furcht.

hills and cascade, the focus emphasizing, and making very obvious, their likeness to the painting. Controversial feeling over this move has been strong, most of those who remember the garden as a single unit seeming to prefer it that way. While each of the two parts makes an excellent landscape, and the river can still be seen to flow under the corridor, the feeling that the full sweep was better is held by many. The question in the minds of some is whether evidence may not yet come to light indicating that the corridor was not part of the original plan but was added sometime in its four hundred years of existence."

19 Lexikon der östlichen Weisheitslehren, loc cit., p. 143.
20 Franziska Ehmcke, loc cit., p. 35.
21 Horst Hammitzsch, loc cit., p. 64 f.
22 Lexikon der östlichen Weisheitslehren, loc cit., p. 192.
23 Lexikon der östlichen Weisheitslehren, loc cit., p. 202.
24 Lexikon der östlichen Weisheitslehren, loc cit., p. 142.
25 Lexikon der östlichen Weisheitslehren, loc cit., p. 391.
26 Lexikon der östlichen Weisheitslehren, loc cit., p. 262.
27 C. J. Dunn, loc cit., p. 64 f.
28 Heinrich Dumoulin, loc cit., vol. II, p. 206.
29 Rose Hempel in: Im Glanz der Jahreszeiten, loc cit., p. 28.
30 Rose Hempel in: Im Glanz der Jahreszeiten, loc cit., p. 32.
31 cf. Helmut Brinker, Hiroshi Kanazawa: Zen, loc cit., p. 316.
32 Heinrich Dumoulin loc cit., vol. I, p. 53 f.
33 Heart Sûtra:
When the Bodhisattva Avalokiteshvara was engaged in
the practice of the deep Prajnaparamita, he perceived:
there are the five Skandhas; and these he saw
in their self-nature to be empty.
O Sâriputra, form is here emptiness,
emptiness is form, form is no other than emptiness ,
emptiness is no other than form:
what is form that is emptiness, what is emptiness that is form.
The same can be said of sensation, thought,
confection, and consciousness.
O Sâriputra, all things are here characterised with emptiness:
they are not born, they are not annihilated;
they are not tained, they are not immaculate;
they do not increase, they do not decrease.
Therefore, O Sâriputra, in emptiness there is no form,
no senstaion, no thought, no confection,
no consciousness;
no eye, ear, nose, tongue, body, mind; no form, sound,
colour, taste,
touch, objects,
no Dhâtu of vision, till we come,
no Dhâtu of consciousness,
there is no knowledge, no ignorance, till we come to
there is no old age and death
no extinction of old age and death;
there is no suffering,
accumulation, annihilation, path;
there is no knowledge, no attainment, (and) no realisation;
because there is no attainment.
In the mind of the Bodhisattva who dwells
depending on the Prajnaparamita,
there are no obstacles;
and going beyond the perverted views, reaches final Nirvana.

aller Illusionen ist endlich Nirvana.
Alle Buddhas der Vergangenheit
leben aus dieser transzendenten Weisheit,
erreichen die höchste Erleuchtung,
vollkommen und unübertroffen.
Wisse daher, daß die transzendente Weisheit,
das große, heilige Mantra ist,
das große, strahlende Mantra,
das unübertroffene Mantra,
das unvergleichliche Mantra,
das alle Leiden nimmt.
Das ist wahr und ohne Fehl.
Das ist das Mantra, verkündet in der
transzendenten Weisheit.
Es lautet:
Gate Gate Pâragate
Pârasamgate Bodhi Swâhâ

34 Paul Reps, a.a.O., S. 30.
35 Lexikon der östlichen Weisheitslehre, a.a.O., S. 470.
36 Heinrich Dumoulin, a.a.O., Bd. I, S. 51.
37 Mason, R.H.P.; Caiger, J.G., a.a.O., S. 22.
38 Sources of Japanese Tradition, a.a.O., S. 39.
39 Sources of Japanese Tradition, a.a.O., S. 48.
40 Lexikon der östlichen Weisheitslehren, a.a.O., S. 151.
41 Sources of Japanese Tradition, a.a.O., S. 104 f.
42 Sources of Japanese Tradition, a.a.O., S. 112.
43 Sources of Japanese Tradition, a.a.O., S. 114.
44 Stephen Turnbull, a.a.O., S. 142.
45 Sources of Japanese Tradition, a.a.O., S. 134
46 Sources of Japanese Tradition, a.a.O., S. 141.
47 Sources of Japanese Tradition, a.a.O., S. 138.
48 Stephen Turnbull, a.a.O., S. 45.
49 Stephen Turnbull, a.a.O., S. 47.
50 Sources of Japanese Tradition, a.a.O., S. 187.
51 Heinrich Dumoulin, a.a.O., Bd. I, S. 40.
52 The Cambridge History of Japan, a.a.O., Bd. III, S. 607.
53 Heinrich Dumoulin, a.a.O., Bd. II, S. 119.
54 Heinrich Dumoulin, a.a.O., Bd. II, S. 148.
55 Covell; Yamada, a.a.O., S. 27.
56 Covell; Yamada, a.a.O., S. 30.
57 The Cambridge History of Japan, a.a.O., vol. 3, S. 614.
58 Nicolas Fiévé, a.a.O., S. 175.
59 Stephen Turnbull, a.a.O., S. 114.
60 Stephen Turnbull, a.a.O., S. 113.
61 Nicolas Fiévé, .a.a.O., S. 189.
62 Heinrich Dumoulin, a.a.O., Bd. II, S. 163.
63 Covell, Yamada, a.a.O., S. 189 ff.
64 Zum Daitoku-ji gehören heute außerdem die Subtempel Raikô-ji und Zuiun-ken sowie die Zen-Übungshalle (Sôdô) Ryôshô-ji.
65 The Cambridge History of Japan, a.a.O., Bd. III, S. 615.
66 Heinrich Dumoulin, a.a.O., Bd. II, S. 244.
67 Covell; Yamada, a.a.O., S. 60.
68 u. folgende: Heinrich Dumoulin, a.a.O., Bd. II, S. 248.
69 S. 325.
70 S. 353.
71 S. 342.
72 S. 349.
73 S. 345
74 357.
75 Covell; Yamada, a.a.O., S. 104.
76 Covell; Yamada, a.a.O., S. 182.

All the Buddhas of the past, present, and future,
depending on the Prajnaparamita,
attain to the highest perfect enlightenment.
Therefore, one ought to know that the Prajnaparamita
is the great Mantram,
the Mantram of great wisdom,
the highest Mantram,
which is capable of allaying all pain;
it is the truth because it is not falsehood:
this is the Mantram proclaimed
in the Prajnaparamita
it runs:
Gate gate pâragate
pârasamgate bodhi swâhâ!

34 Paul Reps, loc cit., p. 30.
35 Lexikon der östlichen Weisheitslehre, loc cit., p. 470.
36 Heinrich Dumoulin, loc cit., vol. I, p. 51.
37 Mason, R.H.P.; Caiger, J.G., loc cit., p. 22.
38 Sources of Japanese Tradition, loc cit., p. 39.
39 Sources of Japanese Tradition, loc cit., p. 48.
40 Lexikon der östlichen Weisheitslehren, loc cit. p., 151.
41 Sources of Japanese Tradition, loc cit., p. 104 f.
42 Sources of Japanese Tradition, loc cit., p. 112.
43 Sources of Japanese Tradition, loc cit., p. 114.
44 Stephen Turnbull, loc cit., p. 142.
45 Sources of Japanese Tradition, loc cit., p. 134.
46 Sources of Japanese Tradition, loc cit., p. 141.
47) Sources of Japanese Tradition, loc cit., p. 138.
48 Stephen Turnbull, loc cit., p. 45.
49 Stephen Turnbull, loc cit., p. 47.
50 Sources of Japanese Tradition, loc cit., p. 187.
51 Heinrich Dumoulin, loc cit., vol. I, p. 40.
52 The Cambridge History of Japan, loc cit., vol III, p. 607.
53 Heinrich Dumoulin, loc cit., vol. II, p. 119.
54 Heinrich Dumoulin, loc cit., vol. II, p. 148.
55 Covell; Yamada, loc cit., p. 27.
56 Covell, Yamada, loc cit., p. 30.
57 The Cambridge History of Japan, loc cit., vol III, p. 614.
58 Nicolas Fiévé, loc cit., p 175.
59 Stephen Turnbull, loc cit., p. 114.
60 Stephen Turnbull, loc cit., p. 113.
61 Nicolas Fiévé, loc cit., p. 189.
62 Heinrich Dumoulin, loc cit., vol. II, p. 163.
63 Covell, Yamada, loc cit. p 189 ff.
64 Today the subtemples Raikô-ji and Zuiun-ken as well as the Zen Study Room (Sôdô)Ryôshô-ji are part of the Daitoku-ji.
65 The Cambridge History of Japan, loc cit., vol III p. 615.
66 Heinrich Dumoulin, loc cit., vol. II, p. 244.
67 Covell; Yamada, loc cit, p. 60
68 Heinrich Dumoulin, loc cit., vol. II, p. 248.
69 Heinrich Dumoulin loc cit., vol. II, p. 325.
70 Heinrich Dumoulin loc cit., vol. II, p. 353.
71 Heinrich Dumoulin, loc cit., vol. II, p. 342.
72 Heinrich Dumoulin, loc cit., vol. II, p. 349.
73 Heinrich Dumoulin, loc cit., vol. II, p. 345.
74 Heinrich Dumoulin, loc cit., vol. II, p. 357.
75 Covell; Yamada, loc cit., p. 104.
76 Covell; Yamada, loc cit., p. 182.

Literatur Literature

Bauer, Wolfgang: China und die Hoffnung auf Glück. München 1989.
Brasch, Heinz: Kyôto. Die Seele Japans. Olten und Freiburg / Br. 1974.
Brinker, Helmut: Zen in der Kunst des Malens. Bern, München, Wien 1986.
Brinker, Helmut; Kanazawa, Hiroshi: ZEN. Meister der Meditation in Bildern und Schrift. Zürich 1993.
Covell, Jon; Yamada, Sôbin: Zen at Daitoku-ji. Tôkyô, New York, San Francisco 1974.
Daisen-in. Including alle the Gardens and Tea Houses of Daitoku-ji. Published by Daisen-in, Kyôto (o. J.).
Dettmer, Hans A.: Grundzüge der Geschichte Japans. Darmstadt 1985.
Die Mythen des alten Japan: Übersetzt und erläutert von Nelly Naumann. München 1996.
Dumoulin, Heinrich: Geschichte des Zen-Buddhismus.
Band I: Indien und China. Bern, München 1985.
Band II: Japan. Bern 1986.
Dunn, C. J.: Everyday Life in Traditional Japan. Tôkyô 1976.
Ehmcke, Franziska: Der japanische Tee-Weg. Bewußtseinsschulung und Gesamtkunstwerk. Köln 1991.
Fiévé, Nicolas: L'architecture et la ville du Japon ancient. Paris 1996.
Fisher, Robert E.: Buddhist Art and Architecture. London 1993.
Fontein, Jan; Hickman, M. L.: Zen. Painting Et Calligraphy. Boston 1970.
Frédéric, Louis: Buddhism. Paris 1995.
Goepper, Roger: Shingon. Köln 1988.
Hammitzsch, Horst (Hrsg.): Japan – Handbuch. Stuttgart 1990.
Hammitzsch, Horst: Zen in der Kunst der Tee-Zeremonie. Bern, München, Wien 1977.
Hennig, Karl: Japanische Gartenkunst. Form, Geschichte, Geisteswelt. Köln 1980.
Hennig, Karl: Der Karesansui-Garten als Ausdruck der Kultur der Muromachi-Zeit. Gesellschaft für Natur- und Völkerkunde Ostasiens e. V., Hamburg, Mitteilungen Band 92. Hamburg 1982.
Im Glanz der Jahreszeiten: Kostbarkeiten aus Japan. Museum für Kunst und Gewerbe, Hamburg 1987.
Inaj, Toshirô: The Garden as Architecture, Form and Spirit in the Gardens of Japan, China and Korea. Tôkyô, New York, London 1998.
Inoue, Kiyoshi: Geschichte Japans. Darmstadt 1995.
Joly, Henri L.: Legend in Japanese Art. Tôkyô 1967.
Kodansha Encyclopedia of Japan. Tôkyô 1983.
Kuck, Loraine: The World of the Japanese Garden. New York/ Tôkyô 1968.
Kuitert, Wybe: Themes, Scenes and Taste in the History of Japanese Garden Art. Amsterdam 1988.
Lexikon der östlichen Weisheitslehren. Bern, München, Wien 1986.
Mason, Penelope: History of Japanese Art. New York 1993.
Mason, R. H. P.; Caiger, J. G.: A History of Japan. Tôkyô 1981.
Müller, Claudius (Hrsg.): Zen und die Kultur Japans. Klosteralltag in Kyôto. Berlin 1993.
Munsterberg, Hugo: Dictionary of Chinese and Japanese Art. New York 1981.
Murasaki, Shikibu: Genji – Monogatari. Die Geschichte vom Prinzen Genji. Übersetzt von Oscar Benl. 2 Bände, Zürich 1992.
Nihon no Kokuhô (National Treasures of Japan):
018: Kyôto/Daitoku-ji. Erschienen am 22.06.1997
019: Kyôto/Shukô-in, Daisen-in, Kôtô-in. Erschienen am 29.06.1997.
Nishibe, Bunjô: Chaseki no zenki-ga. Kyôto 1990.
Nitschke, Günter: Gartenarchitektur in Japan. Köln 1991.
Original Teachings of Ch'an Buddhism: Selected from the Transmission of the Lamp. Translated with introductions by Chang Chung-Yuan. New York 1982.
Reischauer, Edwin O.: Japan. The Story of a Nation. Tôkyô 1993.
Reps, Paul (Hrsg.): Ohne Worte – ohne Schweigen. 101 Zen-Geschichten und andere Zen-Texte aus vier Jahrtausenden. Bern, München, Wien 1977.
Roberts, Laurence P.: A Dictionary of Japanese Artists. Tôkyô, New York 1986.
Schaarschmidt-Richter, Irmtraut: Japanische Gärten. Baden-Baden 1977.
Schumann, Hans Wolfgang: Buddhistische Bilderwelt. München 1993.
Schumann, Hans Wolfgang: Der historische Buddha. München 1995.
Schumann, Hans Wolfgang: Buddhismus. Stifter, Schulen und Systeme. München 1995.
Seckel, Dietrich: Buddhistische Tempelnamen in Japan. Münchner Ostasiatische Studien, Band 37, Stuttgart 1985.
Sources of Japanese Tradition: Volume I compiled by Ryusaku Tsunoda, Wm. Theodore de Bary, Donald Keene. New York 1964.
Slawson, David A.: Secret Teachings in the Art of Japanese Gardens. Tôkyô, New York, London 1991.
Special Exhibition Flowers: Edited by Takao Murano. Tôkyô National Museum, 1995.
Speiser, Werner: Meisterwerke chinesischer Malerei. Berlin 1947.
Stanley-Baker, Joan: Japanese Art. London 1991.
Swann, Peter C.: A Concise History of Japanese Art. Tôkyô, New York 1987.
Takuan, Sôhô: The Unfettered Mind. Writings of the Zen Master to the Sword Master. Translated by William Scott Wilson. Tôkyô, New York 1990.
Tanaka, Ichimatsu: Japanese Ink Painting: Shubun to Sesshu. New York, Tôkyô 1980.
Tazawa, Yutaka (Hrsg.): Biographical Dictionary of Japanese Art. Tôkyô, New York, San Francisco 1981.
Tempel and Shrine Treasures in the Custody of the Kyôto National Museum. Kyôto National Museum 1992.
The Cambridge History of Japan. Volume 3, Medieval Japan. Edited by Kozo Yamamura. New York 1990.
Tregear, Mary: Chinese Art. London 1991.
Turnbull, Stephen: The Samurai. A Military History. Japan Library 1996.
Wu, Cheng'en: Journey to the West. Translated by W. J. Jenner. 3 volumes, Foreign Language Press, Beijing.
Yamamoto, Hideo: The Kano School in the Muromachi Period. Kyôto National Museum 1996.

Die Deutsche Bibliothek – CIP Einheitsaufnahme
The German Library Cataloguing-in-Publication Data
Daisen-in : ein Zen-Tempel des 16. Jahrhunderts / Hans Günter Wachtmann. Fotogr. Ingrid von Kruse. Übers. Penelope Tunstall Benothman. - München : Hirmer, 2000

Text und Redaktion / Author and Editor
Hans Günter Wachtmann

Fotografie / Photography
Ingrid von Kruse

Übersetzung / Translation
Penelope Tunstall Benothman

Lektorat der englischen Übersetzung /
Lecturate of the English translation
Dr. Monika Wacker

Lithographie / Reproduction
NovaConcept Kirchner & Sander GmbH, Berlin
Brend'amour, Simhart GmbH & Co, München
(Wandmalereien / Mural paintings)

Grafische Gestaltung und Herstellung /
Graphic Design and Production
Saskia H. Rothfischer

Druck / Printing
EBS, San Giovanni Lupatoto (Verona)

Die Reproduktion der Wandmalereien erfolgte mit freundlicher Genehmigung von Abt Ozeki. Die Ektachrome wurden dankenswerterweise durch die Vermittlung des Nationalmuseums in Kyôto zur Verfügung gestellt.
Thanks to Abbot Ozeki the reproduction of the mural paintings was made possible. The Ektachrome was generously made available through the mediation of the National Museum of Kyôto.

ISBN 3-7774-8610-8

Abbildungen / Illustrations

Umschlag / Jacket
Vorderseite / Front Page
Der Ozean der Leerheit / The Ocean of Emptiness

Rückseite / Back Page
Abt Ozeki / Abbot Ozeki

Seite 2 (Frontispiz) / Page 2 (Frontispiece)
Detail vom Bergtor des Daitoku-ji
Detail of the Mountain Gate of the Daitoku-ji

Detail vom Tor für kaiserliche Boten Detail of the Imperial Messenger Gate